日本人への伝言

Ryuho Okawa
大川隆法

まえがき

硫黄島の戦いは、巨匠・クリント・イーストウッド監督の手で、「父親たちの星条旗」「硫黄島からの手紙」の二部作として上映され、俳優・渡辺謙をハリウッド映画俳優としても有名にした。この点、渡辺が演じた栗林忠道中将は、アメリカをはじめとして、国際的にも広く知られている。

戦争の悲惨さだけを見て、その目的と使命、指揮官の高潔さを見落とすのが左翼の通例だが、今、日本の国会でも安保法制案を巡って、与野党の激しい攻防が繰り広げられている。

いたずらに「平和のお題目」を唱えても、外国の悪質な軍事指導者の野心に、火をつけ、つけ込ませるだけだろう。主権者は日本国民のはずなのに、ＧＨＱの草案で主権を放棄（憲法９条）したまま、約七十年。権利の上に眠る主権者が寝首をかかれないためには、本書はとても貴重な一冊となろう。

二〇一五年　五月二十七日

幸福の科学グループ創始者兼総裁　大川隆法

硫黄島 栗林忠道中将の霊言　日本人への伝言　目次

硫黄島 栗林忠道中将の霊言　日本人への伝言

二〇一五年五月二十日　収録
東京都・幸福の科学総合本部にて

「霊言現象」とは、あの世の霊存在の言葉を語り下ろす現象のことをいう。これは高度な悟りを開いた者に特有のものであり、「霊媒現象」（トランス状態になって意識を失い、霊が一方的にしゃべる現象）とは異なる。

なお、「霊言」は、あくまでも霊人の意見であり、幸福の科学グループとしての見解と矛盾する内容を含む場合がある点、付記しておきたい。

硫黄島 栗林忠道中将の霊言
日本人への伝言

二〇一五年五月二十日　収録

東京都・幸福の科学総合本部にて

栗林忠道（一八九一～一九四五）

陸軍軍人。最終階級は陸軍大将。陸軍士官学校卒、陸軍大学校卒。アメリカの駐在武官を経験した知米派であり、硫黄島の戦いにおける日本軍守備隊の最高指揮官を務めた。アメリカ側の厭戦気運を高めるため、徹底的な長期抵抗戦で兵力を削ることを企図。全島に地下坑道を建設してゲリラ戦を行い、日本軍を上回る二万八千人以上の死傷を与え、アメリカ世論を揺さぶった。

質問者　※質問順

綾織次郎（幸福の科学上級理事 兼「ザ・リバティ」編集長）

加藤文康（幸福実現党幹事長）

立木秀学（幸福の科学理事 兼 HS政経塾塾長）

［役職は収録時点のもの］

1 アメリカが最も恐れ、最も尊敬した栗林忠道中将を招霊する

硫黄島の戦いで知られる栗林忠道中将の霊言を試みる

大川隆法　今日は、先般収録した『パラオ諸島ペリリュー島守備隊長　中川州男大佐の霊言』『沖縄戦の司令官・牛島満中将の霊言』（共に幸福の科学出版刊）に続き、もう一つ重要なものとして残っている「硫黄島」に関するものを行うつもりです。

今は「硫黄島」と呼ばれることが多くなっていま

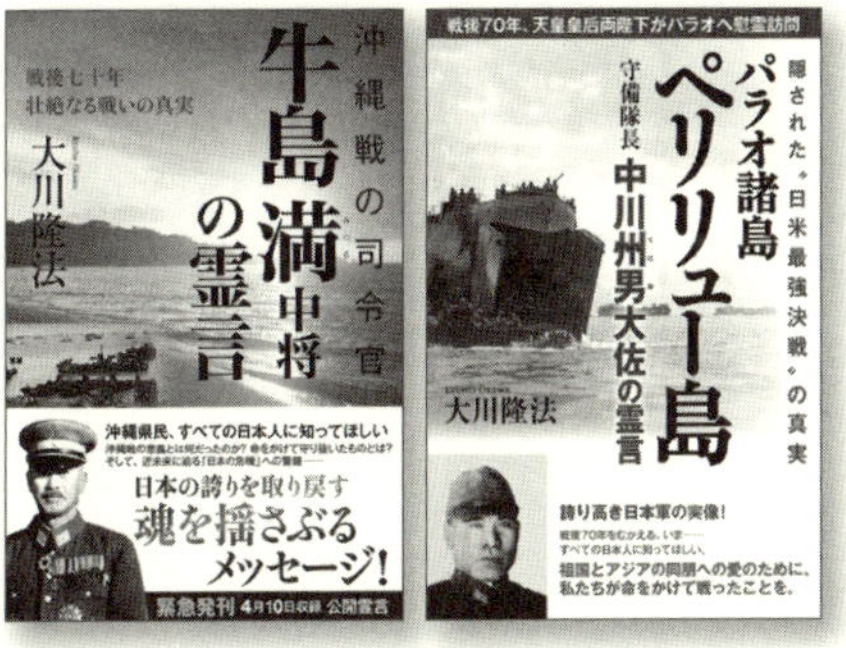

『沖縄戦の司令官・牛島満中将の霊言』『パラオ諸島ペリリュー島守備隊長　中川州男大佐の霊言』（共に幸福の科学出版）

すが、英語表記で「Iwo Jima」と書かれることもあってか、それに合わせる人も増えています。ただ、戦争中の日本では「硫黄島」と呼ばれていたようなので、私もそのように言います。

今日は、その硫黄島の戦いで知られる栗林忠道中将の霊言を録ろうと思います。

なお、この方に対し、最期のほうで大本営は「大将位」を贈ったとのことですが、奮戦していたので、激励の意味で出されたものでしょう。ただ、ご本人としては「中将」の気持ちで戦っておられたのではないかと思うし、そのほうがよく知られているので、今日は仮にそう呼ばせていただこうと思っています。

戦後長らく〝思考停止〟していた日本の歴史を、今、検証し直す

大川隆法　この「硫黄島の戦い」というのは、調べれば調べるほど、いろいろな意味で大事であることがよく分かります。

●大将位　栗林は組織的戦闘の最末期となった3月16日に、玉砕を意味する訣別電報を大本営に打電。翌17日、大本営よりその功績を認められ、特旨により陸軍大将へ昇進した。死後進級のいわゆる特進ではない。

今年は終戦後七十年であり、「先の大東亜戦争の意味を考え直す」というのは、もちろん大事なことです。

また、左翼からは今、安倍政権が〝右旋回〟しているように見えています。彼らは、防衛関連の法案のことを〝戦争法案〟などと言って、憲法記念日の時期に「憲法九条改正」の反対活動をしたり、「沖縄米軍基地の辺野古移転」等をめぐってかなり激しく動き始めたりしているので、おそらく（終戦記念日の）八月十五日まで大きなせめぎ合いは続くと思います。

左翼の側の人は、「先の戦争は、まったく虚しいことをした。残酷非道で、二度とあってはならないことだ」というように、戦争そのものを否定しているし、亡くなった人たちに対しても、「国家政策の誤りにより、まったくの無駄死に、犬死にをした」といった見方、言い方をしています。

この言い方は、人道主義的にも聞こえるし、賛同を受ける面も多いと思います。

また、現実の戦いそのものを見れば、悲惨であったことは間違いありません。これについては価値判断を抜きにして、「悲惨であった」ということ自体は間違いないと思います。

ただ、日本の国のあり方を考えるに当たっては、やはり、歴史をきちっと検証しなければならないのではないでしょうか。

特に、戦後は〝思考停止〟が起きていて、先の戦争に関してとにかく軽視するところがあり、軍人への評価についても軽視する傾向が強くあります。日本人自身はあまり評価せず、むしろ、戦ったアメリカのほうが評価しているようなこともよくあるわけです。

例えば、ゼロ戦乗りの「撃墜王」といわれた坂井三郎氏は、「アメリカ軍機を六十四機も撃墜した」などとも言われていますけれども、これをアメリカ人から見たらどうでしょうか。

もし、六十四機も撃墜されたとすると、二人乗り機等もあったのならば、それ以上の数の同胞が死んでいるかもしれません。彼らにとっては、もう、「にっくき敵」であり、見つけたら殺したくなるほどではないかと思うのですが、実際には、坂井氏は戦後も生きられ、アメリカへ行ったときにも英雄として大歓迎されているので、やはり、考え方が違うのです。

すなわち、「個人として人殺しをした」のと、「国のために戦った」というのとでは位置づけが違い、敵国であっても「英雄」というように見る目はあるのです。

今日、扱わせていただく栗林中将に関しても、アメリカでは、最も恐れられた方でもあるし、また最も尊敬されている方でもあります。

坂井三郎（1916～2000）
海軍中尉。ゼロ戦で米軍機を多数撃墜し、「撃墜王」と呼ばれる。主著『大空のサムライ』等。

栗林中将とともに日本軍を代表する逸材だった山口多聞少将

大川隆法　先ごろ亡くなられた小室直樹さんが書いた『硫黄島栗林忠道大将の教訓』という本の言を借りるとすれば、「先の大戦において、日本陸軍では栗林忠道中将、海軍では山口多聞少将（最終階級は中将）の二人が逸材だった」といいます。

山口少将は、ミッドウェー海戦のときに沈められた日本の空母四隻のうちの「飛龍」の艦長でした。そして、その艦隊の司令長官は南雲忠一中将だったのですが、敵艦を発見できるかできないかで、爆撃機に陸用爆弾を付けたり魚雷に付け替えたりして手間取ってい

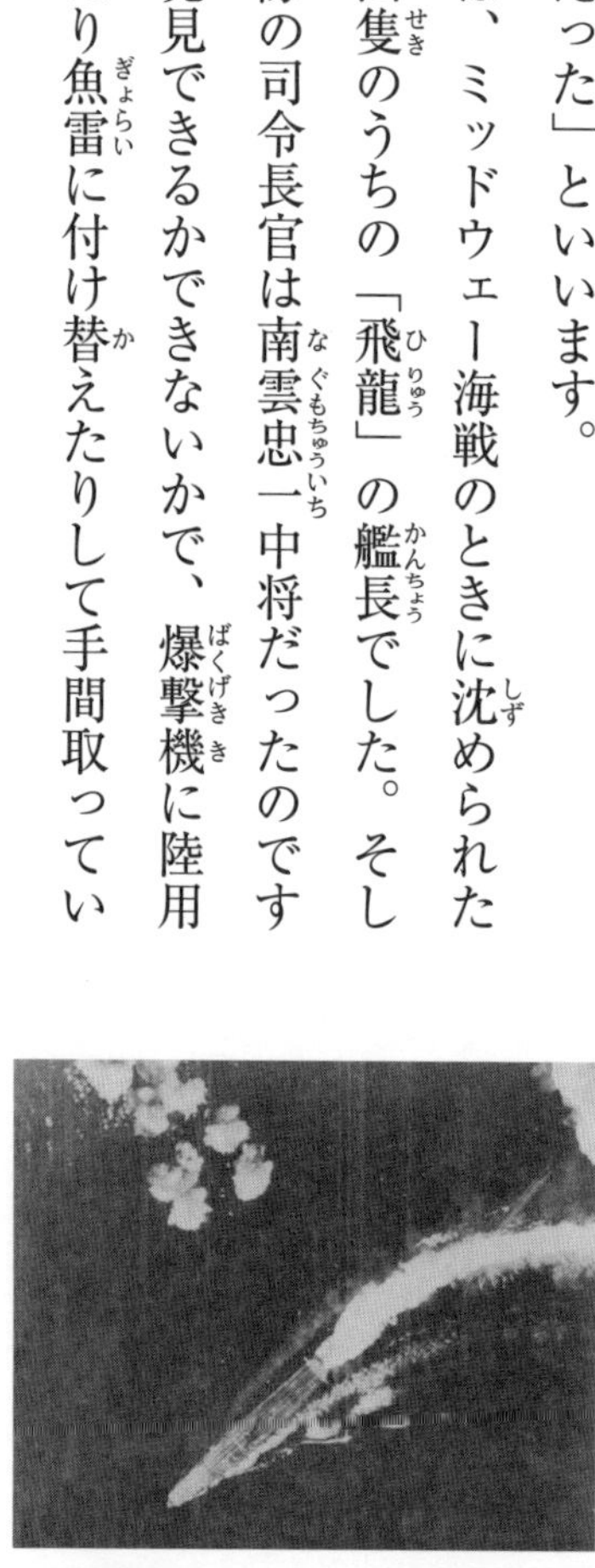

山口多聞（1892～1942）海軍中将。ミッドウェー海戦に空母「飛龍」艦長として参加。（左：米軍からの攻撃を巧みな操艦で回避する「飛龍」）山本五十六の後継者と目された名将といわれる。

るうちに空襲（くうしゅう）を受け、四隻とも沈むことになったのです。

このときに、「(地上爆撃用の) 爆弾を付けたままでいいから、とにかく発艦させて、飛び立って攻撃（こうげき）しなければ駄目（だめ）だ」と進言したのが山口少将です。他の三隻が撃沈（げきちん）されたあとも、山口少将が艦長を務めるこの「飛龍」一隻で敵に攻撃をかけ、空母「ヨークタウン」を撃破（その後、潜水艦（せんすいかん）攻撃により撃沈）し、最後は総攻撃をかけ、自分も沈みました。

小室さんは、陸軍と海軍のこの二人が逸材だったのではないかと言われています。

山口少将については、こんな話もあります。

日本は、戦争初期に英国海軍を蹴散（けち）らしていますが、英国の「プリンス・オブ・ウェールズ」以下の戦艦を沈めた戦功を見たヒットラーから、「中東の石油を送るスエズ運河のほうにいる英国海軍も蹴散らしてほしい」という依頼（いらい）を受けました。そのときに、山口少将は、「攻（せ）めていくべきだ。そのまま攻めていって、マダガスカルまで取ってしまえ」という進言をしたのです。

結局、それは受け入れられませんでしたが、もし、山口少将が言うとおりにしていたら、日本もドイツも石油が潤沢になり、戦はまったく違う方向に変わった可能性があります。当時は石油がないためにひどい戦いとなったわけですが、あのときの勢いであれば、インド洋からスエズ運河まで、イギリス海軍を撃破することは簡単だったと思われるのです。

あのときに中東の石油を手に入れていたら、アメリカから禁油されていても、戦いはまったく違う方向になっていたでしょう。

第二次大戦時、「世界最強」とも称されたイギリス戦艦「プリンス・オブ・ウェールズ」は、東洋艦隊の旗艦として太平洋に向かうも、マレー沖で日本海軍の陸攻機に撃沈された（上：沈む「プリンス・オブ・ウェールズ」から駆逐艦へ移乗する乗員）。

知米派の栗林中将が立案した、硫黄島における対米戦略とは

大川隆法　それから、陸軍のほうは栗林中将です。

この人は、陸軍大学校を出たあと、昭和二年ごろにアメリカへ渡り、さらにカナダへも行き、海軍学校等、いろいろと見て勉強してきている方でした。また、アメリカでは自分で車を運転して走らせていたほどで、考え方は極めてアメリカンな方であり、奥さんや子供、家族に非常に優しいところなどもアメリカ人的に見えます。

硫黄島においても、「兵士が全員、中将の顔を知っていた」というぐらい、一人ひとりに声をかけ、いろいろと気配りをしながら、私においては優しく、公に

昭和３年（1928年）、アメリカ駐在武官時代の栗林忠道。（写真：新藤義孝公式ウェブサイト「祖父、栗林忠道陸軍大将 関連 画像資料」から）

おいてはとても規律の厳しい方だったと言われています。このように、非常に日本人離れした発想を持っていた方です。

ペリリュー島では、中川州男大佐の指揮の下、地下に坑道を掘り、聞きしに勝るものすごい抵抗をしたわけですけれども（前掲『パラオ諸島ペリリュー島守備隊長中川州男大佐の霊言』参照）、ペリリュー島の戦いよりも前に、硫黄島でも島全体に巡らせる坑道を掘り始めていたので、それは栗林中将の独自の判断だと思います。

とにかく、硫黄島は建物も何もない状態に見えました。外から見れば何もないところを、数百隻の敵国海軍で、三日間も砲撃や空爆をし続けたわけです。「もはや島には誰も人がいないのではないか」というような状況だったため、米軍のほうには、「五日もあれば完全占領できる」と思われていました。

ぐるっと回っても二十二キロしかない島です。摺鉢山という小高い山が一つあるものの、あとはなだらかで、全体を見晴らせる程度のところなので、アメリカ軍も最初は十日ぐらい砲撃するつもりだったのを、三日で打ち切って上陸したわけです。

アメリカの上陸総兵力は六万人ぐらいでした（注。後方支援部隊を入れると約十一万人）。日本の守備隊は二万人ぐらいだったので、敵は三倍いたことになります。

通常の日本軍の戦い方は、「水際作戦」によって敵の上陸を阻止するというもので、海岸に塹壕を掘って抵抗するわけですが、意外に早く終わって玉砕するかたちになることが多かったのです。しかし、栗林中将は、中川大佐と同じく、島のなかに敵を引き込み、ゲリラ戦をする

アメリカ軍は486隻の艦艇から編成される大部隊で硫黄島に来襲。1945年2月16日から3日間にわたり、海上から島への砲撃を続けた。（左：2月17日時点の硫黄島全景。手前が摺鉢山）

ことによって、できるだけ長く戦い、敵の被害を大きくする作戦を取りました。

これは、「アメリカでは、死傷者の数がすごく多くなれば厭戦気分が盛り上がり、反戦運動が起きる」ということを、彼はアメリカにいた経験から知っていたので、「あっさりと玉砕してはいけない。できるだけ相手の被害を大きくしなければいけない」という考えを持っていたためです（注。硫黄島上陸三日目の時点で、すでにノルマンディー上陸作戦での米軍死傷者数を上回り、あまりの被害の大きさにアメリカ世論が沸騰した）。


当時、この硫黄島には、陸軍だけでなく海軍の一部もいたので、栗林中将は両方の指揮をしなければいけなくなったのですが、意見が合わなくて困ったようです。海軍は、海岸線で戦うことを強く主張し、なかなか言うことをきかなかったため、これには少々手を焼き、先に飛び出してしまう者も一部にはいたようです。

ただ、おおむねは栗林中将の意見どおり、全島、みな、地下に潜りました。

特に、「硫黄島」というだけあって、摺鉢山は火山で、地下から硫黄のガスが出てくるようなところです。

水といっても、川もなく池もなく、塩分と硫黄の混じった井戸水ぐらいしかなく、ご飯を炊いたら赤く染まるような、悲惨な場所です。ときどき降る雨、スコールだけが唯一のまともな水でした。しかも、山が低いため、めったに雨が降らず、なかなか大変だったようではあります。

栗林中将は、昭和十九年からそういう場所へ行って、全長十八キロ余りの地下坑道を掘ったわけです。二万人もの日本軍が総がかりで掘っていきましたが、本当は、摺鉢山から島の反対側にある総本部など、二十数キロすべてをつなげようとしていたといいます。

しかし、資材が最後まで足りなかったことと、敵が攻めてくるのが思っていたよりも少し早かったことで、途中の飛行場の地下をつなげないまま戦争が始まっ

硫黄島は、幅４キロ、縦８キロの火山島で、南端にある標高169メートルの摺鉢山から北の方向へ扇状に広がっている。栗林中将は北部に司令壕を設置。全島に坑道を広げ、地下要塞化を目指した。（右：２月末からアメリカ軍の情報将校らがチームを組んで作成した硫黄島のスケッチ。点線は地下坑道等の構造物）

てしまいました。そのため、摺鉢山から逃げてくるときに、地上に出なければいけないところがあり、そこで被害が出るなど、残念なところはあったわけです。

いずれにしても、資材もほとんどないなかで、地下十メートルから十五メートルに基地を置いて戦うという〝モグラ作戦〟は、日本の軍人のプライドからすれば許されないことではあったのでしょう。「地下に潜り、ときどき出てきては戦う」というような、そんな戦い方をするのはプライドが許さないので、反対も多く、それを収めるのもなかなか大変ではあったようです。

アメリカが日本の約一・五倍近くの死傷者を出した硫黄島の戦い

大川隆法　ただ、硫黄島は、この作戦によって、「日米の島嶼戦における死傷者数としては、米軍が日本軍を上回った唯一の場所」になったわけです。アメリカ側に日本の約一・五倍近くの死傷者が出たところなのです。

このとき、一万九千人余りの日本兵が亡くなっていますが、アメリカのほうの死傷者はさらに多く、二万八千六百八十六人（戦死六千八百二十一人、戦傷二万一千八百六十五人）と、日本の約一・五倍の被害が出ているのです（注。ペリリュー島の戦いでも、米軍の死傷者数は日本側死傷者数と同等か、それを上回ったとも言われている）。

三日間空爆して、もう、人も住んでいないように見えるところで、アメリカは三万人近くがやられました。六万の軍勢で来たのに、そのうちの三万人近くが亡くなるなり、怪我（けが）するなり、本土に帰されるなりして、死傷者となったわけで、これはものすごい死闘（しとう）であったのです。アメリカはこれを恐れました。

みなさんも知っておられるように、アメリカ軍が摺鉢山に星条旗（せいじょうき）を立てて占領したことを示す写真が出回っています。また、その占領の写真を彫像（ちょうぞう）にしてあり、私もアメリカに行ったときに見ました。

あの旗を立てたのは、アメリカ軍が上陸を開始してから五日目のことですが、あれを立てた六人のうちの三人は、その後、硫黄島で戦死しているのです。

つまり、それで戦争が終わったと思ったら間違いで、実は、日本軍は地下にずっとみな潜んでいたということです。

特に、上陸のときも、本当ならすぐに撃ってくるのが普通なのに、三十分間ぐらいは何も攻撃がなく、アメリカ軍をただただ上陸させており、「おかしいな」と思いながら前進してきたところを、潜んでいた場

「硫黄島の星条旗」
（左）1945年2月23日、アメリカ軍が摺鉢山の頂上に星条旗を掲揚する瞬間を撮影した写真。撮影者のジョー・ローゼンタールはピューリッツァー賞を受賞した。また、本写真をもとに、アーリントン国立墓地近くに海兵隊戦没者記念碑がつくられた（下）。

所から一斉射撃・砲撃されて、ものすごい死傷者を出しているのです。
そのように、アメリカ軍をして、「これは虐殺だ」と言わしめたほどの被害を出しました。

硫黄島でアメリカの戦車「シャーマン」を撃破した日本軍

大川隆法　それから、ロサンゼルスオリンピック（一九三二年）のときに馬術で金メダルを取った「バロン西」（西竹一中佐〈死後、大佐に特進〉）という有名な人がいます。

　硫黄島の戦いでは、彼が戦車隊の指揮をしていたのです。戦車隊は陸上を走らなかったら意味がないのですが、「砲塔、大砲だけ外

西竹一（1902〜1945）陸軍大佐。戦車第26連隊連隊長。華族（男爵）。ロサンゼルスオリンピック馬術障害飛越競技の金メダリスト。

に出し、戦車は地中に埋めて戦う」という作戦を取ったのです。これは、「栗林中将の命令」「バロン西中佐の意見」という両方の説があります。

これに対し、アメリカは「シャーマン」と呼ばれる戦車を使ったのですが、日本の戦車と比べても性能がはるかに上であり、正面の装甲が八十五ミリもありました。日本のほうは、その反対に、二十五ミリぐらいしかありませんでした（九七式中戦車）。そのため、向こうの弾が当たったら、日本の戦車は一撃で撃ち抜かれてしまうのですが、こちらが撃っても、向こうをなかなか撃ち抜けないような状況でした。

また、大砲の大きさにしても、日本とはまったく違う大きさのものを持っていたので、戦車戦をやっても勝てる相手ではなかったとは思います。

そこで、地面を掘って、戦車の砲塔だけが外に出ている状態にし、相手から見えないようにしつつ、ギリギリいっぱいまで近づけて撃つという作戦を取ったわけです。また、その坑道は、戦車が移動できるようなものだったらしく、「撃っては移動し、場所を変えては撃つ」というかたちで、バロン西も非常に頑張ったようではあります。そうした、かつて日本がやったことのない戦い方をやりました。

確かに、戦車を地中に埋めるということには、みな、なかなか納得がいかなかったようですが、そういう戦い方をしたわけで、アメリカのシャーマン戦車が日本軍に撃破されたのは、この硫黄島の戦いが初めてとも言われています。今まで一度も破ったことがないものを破ったのですが、こういう戦い方をしたのです。

硫黄島で戦ったアメリカ軍と日本軍の戦車

アメリカ軍の戦車 M4A1（シャーマン・左）と、日本軍の九五式軽戦車（右）。西中佐の判断で、車体を地面に埋没させ、トーチカ（鉄筋コンクリート製の防御陣地）のように敵の待ち伏せ攻撃に使われた。

ただ、ここは本当に水も食糧もない厳しいところで、最後の五日ぐらいは、水も食糧もないままだったと思います。一人当たり、水筒一本で一日をもたせなくてはいけない状態だったため、非常に厳しくはありました。

アメリカにとっての「硫黄島の戦略的意味」とは

大川隆法　なお、硫黄島については、戦略的意味づけとしては、次のようなことがあります。

サイパンが陥落していたため、アメリカは、サイパンから爆撃機で日本の本土攻撃ができるのですが、やはり、途中で日本機によって撃墜されるケースが多かったのです。そこで、中間帯にある硫黄島の滑走路が必要でした。

ちなみに、硫黄島が沖縄県にあると思っている人もだいぶいるようですけれども、ここは東京都なのです。小笠原諸島のなかにあり、父島から行ける程度の距離にあります。

　つまり、サイパンから東京を攻撃する場合、硫黄島は、その途中ぐらいにあるわけで、実は、日本の戦闘機によって撃たれたＢ29が不時着する際に、この硫黄島の飛行場が必要だったのです。

　実際に、硫黄島に不時着したＢ29は、延べ二千二百機以上、あるいは、延べ二千四百機ともされます。また、不時着して助かった乗組員は延べ二万人を超えていると言われています（注。Ｂ29は通常、十一人乗り）。

　したがって、この硫黄島の戦いは非常に重要でした。二千数百機がここに不時

着していたのですから、もし、アメリカがここを取れなかったら、B29の落ち方はものすごく激しかったでしょう。

今は、「B29に空襲されて日本は焼け野原になった」と思っているかもしれませんが、実際は日本の応戦もすごかったらしく、攻撃機の二十ミリ機関砲等で撃墜したB29は一千機あります。さらに、不時着しているものが二千数百機ありますから、ものすごい攻撃をしているわけです。このあたりについては、今、ほとんど知られていませんが、もし、硫黄島を護れていたら、あるいは、日本の被害をもっと少なくすることができたかもしれません。

戦争を「講和」に持ち込める可能性のあった惜しい采配

大川隆法　また、この島に栗林中将を持ってきたことは、東條英機としては悪い判断ではなかったと思います。

●東條英機（1884～1948）　政治家。陸軍大将。1941年、内閣総理大臣に就任。太平洋戦争開戦の最高責任者として、複数の大臣、参謀総長を兼任。戦後、東京裁判にてA級戦犯とされた。

ただ、サイパンには、中部太平洋方面艦隊司令長官である南雲中将を持ってきました。彼はハワイ奇襲のときの司令官ですが、もともと、水雷艇が専門の、〝海軍屋〟だったので、陸戦がそれほど得意ではなかったのです。そういう人をサイパンに置いて総司令官をさせました。

そのために、硫黄島より先のサイパンの戦いでは、日本軍は三万人以上もいたにもかかわらず、アメリカ軍には戦死三千五百人、戦傷一万三千人の被害しか与えておらず、一カ月弱で落ちています。

ちなみに、これは小室直樹さんが言っていることですが、もし、栗林中将を総司令官にしてサイパンに置いていたら、戦争はここで「講和」になっていた可能性もあります。サイパンは土地も広く、食糧もあって、水もあり、小高い山が幾つもあったので、ここに地下要塞を巡らせて戦ったら、アメリカには甚大な被害が出たでしょう。そのため、「もしかしたら、戦争は、ここで講和になっていた可能性

●**南雲忠一**（1887 ～ 1944）　海軍大将。海軍大学校卒業。第一航空艦隊司令長官として機動部隊を率いて真珠湾攻撃を指揮。ミッドウェー海戦で敗れ、のちサイパン島で自決。

もある。これは惜しかった采配である」というようなことを言っているわけです。

さらに、栗林中将と山口少将の使い方として、「この二人を陸海のトップに据えていたら、あるいは、あの戦いが違ったかもしれない」と言っていました。

ともかく、硫黄島の戦いでは、少なくとも米軍は日本軍の一・五倍ぐらいの死傷者を出しており、厭戦気分はそうとう高まっていたのです。

そういう意味で、パールハーバーの攻撃が、「スニーキー・アタック（卑劣な攻撃）」と言われていますが、もし、その部分がなかったら、講和ができたかもしれません。あれは、日本大使館からの宣戦布告の連絡が一時間以上も遅れて、「不意打ちをした」ということをずいぶん宣伝されたために、アメリカ人は、「日本人は卑怯だ」と激高して戦ったわけです。しかし、その部分がなかったら、「あるいは、これで講和することができるのではないか」と栗林中将は考えていたらしいし、その可能性もあったとは言われています。

もちろん、「ペリリュー島の戦い」や「沖縄戦」も関係するとは思いますが、この「硫黄島の戦い」でアメリカは震(ふる)え上がったわけです。

アメリカが九州上陸戦を断念した理由

大川隆法　アメリカは、九州上陸戦も想定していたのですが、硫黄島の戦いでの死傷者数を見るかぎり、山も谷も川もあり、食糧もある九州に上陸した場合のシミュレーションでは、「米軍の死傷者数は二百六十万人以上」という数字が出ました（小室直樹説）。そして、「二百六十万人以上の死傷者が出るのであれば、とてもではないけれども、日本全土を占領することなどできない」ということになったのです。

つまり、アメリカ軍は事実上、硫黄島の戦いによって、本土上陸作戦を諦(あきら)めました。「被害が大きすぎるので、とてもではないができない」ということで断念したわけです。

確かに、その結果、アメリカが原爆を落とすことにもなったのかもしれませんが、絶対徹底抗戦をしようとしていた日本は、原爆を言い訳として敗北の口実を得ることもできました。また、実際は、アメリカも本土攻略ができなかったために、天皇制を廃止することができなかったのです。

ともかく、アメリカ軍は日本軍を非常に恐れました。この三つの戦いがなく、日本軍があっさりとバンザイ突撃をして、三日ぐらいで全滅してくれていれば、アメリカ軍が楽々と本土まで上がってきたのは、ほぼ確実と思われます。そういう意味では、戦史的にも大きな意味があるでしょう。

史上初の「機動部隊決戦」を行った日本とアメリカ

大川隆法　さらに先の大戦で、戦史的に見て意味があるところは、「史上初の機動部隊決戦があった」ことです。これは、●山本五十六（やまもといそろく）が計画したことではあるけれども、ハワイに対して機動部隊を使って、空母と航空機で攻撃しました。

当時は、「航空機からの攻撃で、戦艦は沈まない」という常識があったのですが、日本は初めて、機動部隊で戦艦を攻撃することを始めたのです。

ところが、日本はこの成功に学ばずに、それ以後、新たな空母をほとんどつくっていません。

一方、アメリカは、撃沈されても撃沈されても空母をつくって、その数をどんどん増やしていきました。要するに、「今後は、機動部隊による戦い方が主力になる」ということを、アメリカが読み抜いたにもかかわらず、ハワイで勝った日本にはそれが分かっていなかったのです。結局、戦艦中心の戦いを考えていたわけで、ここのところに学びが足りなかった面はあるかもしれません。

いずれにせよ、**史上初の機動部隊決戦**があったのです。

●山本五十六（1884～1943）　海軍大将。連合艦隊司令長官として真珠湾攻撃、ミッドウェー海戦を指揮。ソロモン諸島上空で戦死。

島嶼戦の弱点がはっきりと出た日本の戦い方

大川隆法　それから、「島嶼戦」がありました。つまり、島々で部隊を置いて戦うというものです。はるか昔は知りませんが、有史以来、島嶼戦は初めての戦い方でした。島嶼戦というものがどのようになるのか、その初めてのケースとして歴史に遺っているわけです。

ちなみに、戦後、中曽根首相がアメリカに行ったときに、「日米安保を考えるに当たって、日本列島は、アメリカの不沈空母だ」というような発言をしたとされる、いわゆる「不沈空母発言」が非常に問題になったことがあります。

ただ、そうした考え方は戦争中にもあったのです。やはり、空母から発着して攻撃するのは非常に不安定でもあるし、被害も起きるため、むしろ、「島を取って、そこに滑走路をつくり、飛行場をつくって、そこから攻撃したほうが、空母

●不沈空母発言　1983年当時、訪米中の中曽根康弘首相がワシントン・ポスト紙に語った「有事には日本列島を外国航空機の侵入を許さない船のようにする」という発言が「不沈空母」と意訳され、「軍国主義的」と批判を浴びた。のちに、「不沈空母」とは言わなかったことを取材記者が認めている。

よりもはるかに強い」という考え方がありました。そのため、日本軍は島を取っていったし、ほとんど空母をつくらなかったわけです。

要するに、島を不沈空母だと思って、ここから攻撃すれば強いと考えてやっていたのですが、実際に島嶼戦を経験した結果、「制空権、制海権を取られたら勝ち目がない」ということが分かりました。これが、人類史上、初めてはっきりと分かった戦いになったのです。

このあたりについても、日本は戦略的に十分ではなかったのではないでしょうか。

輸送船攻撃(こうげき)について「発想の後(おく)れ」があった日本軍

大川隆法　もう一つ、戦史上の注目すべきことは、輸送船のところです。

敵の潜水艦は、日本の輸送船をどんどん沈めてきましたが、島嶼戦の場合、そうすれば補給が断てるので、島を完全に飢えさせることができるからです。

これに関しては、やはり「発想の後れ」があったと思います。日本は、「軍艦対軍艦」の戦いを考えていて、輸送船を攻撃することなど頭になかったのです。

ただ、輸送船攻撃については、もう少し考えるべきだったでしょう。潜水艦自体は十ノットぐらいしか出ず、〝足が遅い〟ため、潜水艦を攻撃するのであれば、予算がない日本であっても、やりようはありました。小さくて構わないし、速度は十ノット以上、あるいは十ノット出ればよいので、木造船でも何でもつくればよかったのです。そこから爆雷を落とせば、潜水艦は沈められたでしょう。また、ヘリコプターや航空機など、海へ攻撃できるものを積めれば、潜水艦はそうとう沈められたと思います。この対応が十分ではありませんでした。

さらに、日本の潜水艦も、向こうの空母や戦艦ばかりを狙っていて、輸送船など狙ってもいなかったわけです。

やはり、このあたりの「発想の違い」は大きかったのではないでしょうか。そういう意味で、アメリカは次々とリソースフルに攻めてきたし、戦法としても違う面があったとは言えると思います。

ただ、栗林中将に関しては、アメリカはそうとうな恐れを抱いたようです。それはそうでしょう。三日間、空爆と砲撃を続け、もう誰もいないような状況のなかで、六万人の軍隊が上陸したわけですが、そのうちの二万九千人が死傷者になったのです。こんなことはありえません。まさに、モグラ作戦です。

「ベトナム戦争の原型」ともなった硫黄島の戦い

大川隆法　さらに、硫黄島の戦いの歴史的な意味合いは、のちのベトナム戦争につながっているということでしょう。この硫黄島の戦いが、「ベトナム戦争の原型」なのです。

ベトナムは、戦力的に見て、アメリカには全然勝てない状態だったのですが、「坑道を数百キロも掘り、ゲリラとして地下からモグラのように出てきて襲う」という作戦を取りました。

そこで、アメリカは、枯葉剤を撒いて森を枯らそうとまでしたわけですが、そうした作戦をまねしてやられたために、とうとうベトコン（南ベトナム解放民族戦線）のゲリラ攻撃によって撤退することになりました。

ある意味で、この硫黄島の戦いは、実はベトナム戦争で終結しているということでしょう。そこまで大きな影響を与えているわけです。

そういうことが全体的には言えるかと思うのですが、知識が十分ではない方も

1960 年代のベトナム戦争では、ゲリラを相手にたいへんな苦戦を強いられたアメリカ軍。

いるでしょうから、あらかじめ述べておきました。

なお、当初、五日で落ちると思われた硫黄島は、多くのものに書かれているところによると、結局、三十六日間、戦い抜いたわけです。

ただ、実際には、その後四年間もゲリラを続けていた兵隊が二人いました。朝鮮戦争が始まる前の年にやっと見つかったのですが、アメリカ軍に忍び込んで、その食糧を奪ったり、武器を奪ったりして、ゲリラをやっていたようです。そういう人が、終戦の四年後までいたことが分かっていますが、恐るべきことでしょう。

栗林中将は、「一人十殺。一人で十人倒せ」と言い、最後のほうでは、「一人百殺。一人で百人殺せ」とまで言っていたのですが、その命令を守って、最後の一兵まで、忠実に戦い続けていたということです。

栗林忠道中将の霊を招霊する

大川隆法　以上、大まかなことについて述べました。こうしたことが今知られているところではありますが、戦後の日本のあり方、防衛や軍事についての考え方、さらには、左翼平和主義的なものの考え方、あるいは、先の戦争についての考え方等、いろいろな観点からの点検があるのではないでしょうか。

ちなみに、クリント・イーストウッドが監督した映画である「父親たちの星条旗」と「硫黄島からの手紙」の二部作（共に二〇〇六

クリント・イーストウッドが硫黄島の戦いを日米それぞれの視点から描いた映画「父親たちの星条旗」「硫黄島からの手紙」（共に2006年公開／パラマウント映画／ワーナー・ブラザーズ）。

年公開）は、それぞれアメリカ側の視点と日本側の視点から描いた作品ですが、非常にフェアに描いているのではないかと思います。アメリカの宣伝作戦や、少しいかがわしかった部分も描いているし、日本が立派な戦い方をしていた面も描いていました。

そのあたりを前提にして、いちおう霊言をしようと思います。

なお、私も事前に（栗林中将に）接触していないので、どのようなかたちで出てこられるかは分かりません。ただ、冷静に話ができるような状態であれば、今の日本が抱えているさまざまな問題についても、ご意見を頂けるのではないかと思っています。

それではお呼びします。

硫黄島の戦いにおける最高司令官でありました、栗林忠道中将の霊をお呼びいたしまして、幸福の科学総合本部にて、先の大戦のあり方、終わり方、それから、その後の日本、また、現代の日本について、お聞きしたいと思います。あるいは、戦争というものの性格について、どのように見るべきか、後世の日本人に教訓をくださることを、心の底よりお願い申し上げます。

硫黄島の戦いの司令官、栗林忠道中将の霊よ。

どうぞ、幸福の科学総合本部に降りたまいて、われらにその真意を語りたまえ。

栗林忠道中将の霊よ。

栗林忠道中将の霊よ。

どうぞ、幸福の科学総合本部に降りたまいて、そのご本心を語りたまえ。

（約十五秒間の沈黙（ちんもく））

栗林忠道（1891 ～ 1945）
第２次大戦における優秀な日本軍指揮官として、アメリカの軍人は栗林中将の名を挙げることが多いといわれる。自らもアメリカへの留学経験があり、その工業力の高さを知悉していた栗林中将は、当初、開戦に反対していたが、硫黄島での戦いでは日本軍守備隊の最高指揮官として手腕を発揮。実戦的な対米戦略によって、日本軍の３倍の兵力を持つアメリカ軍に対し、36日間の戦いを続け、全米が震撼するほどの徹底抗戦を見せた。
全将兵と同じ食事をとりながら一人ひとりに話しかけ、その戦いの心得を説き続け、常に先陣に立つ姿をもって高い士気を引き出した。最後は「日本国民が諸君の忠君愛国の精神に燃え、諸君の勲功をたたえ、諸君の霊に対して黙禱を捧げる日がいつか来るであろう」と訓示し、先頭に立って突撃した。師団長自らが突撃した例は、日本の戦史上にも類がなく、特異な行動だったという。

2　米軍を苦しませた「モグラ作戦」の真相

「戦(いくさ)をどう見るか」は、国論を二分(にぶん)する大きな問題

栗林忠道　栗林です。

綾織　本日は、幸福の科学総合本部にお出(い)でいただきまして、ありがとうございます。

栗林忠道　うん。

綾織　ただいま、「戦後七十年」ということで、さまざまなかたちで歴史の検証を進めさせていただいております。

栗林忠道　うん。

綾織　栗林中将におかれましては、「硫黄島(いおうとう)の戦い」がありましたが、これは日本人にとっても、アメリカ人にとっても、大きな歴史的メッセージとなって遺(のこ)っているものだと思います。

今日は、その硫黄島の戦いのときのお気持ちや、その戦いの意義などについてお伺(うかが)いできれば、非常にありがたいと思っております。

栗林忠道　うーん……。まあ、大きな問題になっておるようだな、今もな。今も、戦について、戦いについてどう見るかは、国論を二分して大きな問題になっておるようだな。

ああ、そうか……。今も、そんなに私らの戦いを「犬死に」にしたい人が、たくさんいるのか。うーん……。

アメリカの戦い方、工業力を知り抜いていた栗林中将

綾織　日米間では、奇しくも、硫黄島の戦いが一つのトピックにもなっています。先般、安倍首相が訪米し、議会で演説をしましたが、その場にいたアメリカ海兵隊の方と、栗林中将のお孫さんである新藤義孝衆議院議員が握手をしたことが、日米の和解の一つの象徴と

2015年4月29日、米国連邦議会上下両院合同会議における安倍晋三首相の演説のなかで紹介され、握手を交わした新藤義孝前総務相（中央）とスノーデン元米海兵隊中将（右）（写真：内閣府大臣官房政府広報室）

して、戦後七十年の日米関係を表すものとして話題になりました。

今後の日米のあり方や日本のあり方を考えていく上で、改めて、「硫黄島では、どういうお気持ちで戦われていたのか」という点から、お伺いできればと思います。

栗林忠道　まあ、軍部のなかでも、私は、「アメリカびいきだ」と言われてね。「どうせ、アメリカの肩を持って、すぐ降参するだろう」なんて思ってた人も、いっぱいいたようだけどね。

それと、東條（英機）さんが然るべく考えて、私を任命してくれたものだと私は思ってはおるけれども、「アメリカびいきで、ちょっと反戦主義者だから、『罰として硫黄島へ行って死んでこい』って言われて、左遷されたんじゃないか」みたいな意見もあったわな。確かになあ。

そらあ、生きて帰れるとは思ってはなかったよ。アメリカへ留学したからって、アメリカ人になったわけじゃないからね。

まあ、(私は) アメリカの戦い方や考え方、工業力、すべてを見た上で、「何ができるか」ということを考えたから。

いつものごとく、「海岸線での水際作戦で敵を迎え撃つ」なんていうのは、敵に上陸させるのが嫌なんだろう。日本の領土を踏ませるのが嫌で、「水際で〝タコつぼ〟を掘って戦う」みたいな戦いだね。そんなのは、アメリカ軍には通用しないで、一気に乗り越えられてしまうことは分かってたんで。一撃でいたずらに死傷者が増えるからね。

だから、「海岸線での戦いは無意味だ」ということで、海軍中心に陣地を敷いてたけど、やめさせたわね。「やっぱり、これは〝モグラ作戦〟しかないな」というふうには思ったがな。

「坑道」を掘って戦ったときの過酷な状況を語る

綾織　それは、どういうところから発想を得たのでしょうか。

栗林忠道　うーん。とにかく資材がないからね。だから、要塞はつくりようがない（笑）。

山は摺鉢山一個しかないから。これは見晴らせるところであるから、大事なところであるけども。あとは、ろくな植物も生えてないようなところであるので、「地下に坑道を巡らせて戦う」っていうことしかないかな。

まあ、どちらかといえば、「日本軍らしくない。卑怯だ」という意見が強かったんだがな。事前に土木工事ばっかりやらされてる連中は、十八キロ以上も掘らされて、「これはたまらん」っていうのもあったんだけど、向こうの「火力」を知ってたからね。地上での戦いなら、すぐに終わってしまうのは分かっていたので。やっぱり、それ（坑道）を崩せないぐらいの深さまで掘ってやらないかんし。

ただ、坑道のなかは、場合によっては（温度が）五十度を超え、六十度近くまでなる場合もあったので、「こんな硫黄の蒸気が出てくるようなところで、〝モグラ〟をやらせるのか」っていう。その作業中に、「もう早く死にたい」と言ってた人も多かったわね。

だから、「サイパンから（アメリカの）攻撃隊が出撃したらしい」っていう情報を得たときには、万歳してるやつがいたぐらいで。

硫黄島の地下壕跡。掘削作業をするための機械もなく、ツルハシと素手で掘り進められた。高温と蒸気のため、長時間の作業ができず、３～５分交代で続けられたが、1日１～２メートルしか掘り進められなかったという。

綾織　ああ、そうですか。

栗林忠道　「これで、やっと死ねる」というんで（笑）。「穴掘りばかりやらされてたまらん。これでやっと潔く突撃して死ねる」と喜んでた連中がだいぶいたぐらいだったので、なかなか理解はしてもらえなかったが、説得に努めて、「君らだけを死なすつもりじゃない。われ常に諸子の先頭に立てり」ということを言っていた。

師団長で自ら先頭に立って、最後に突撃

硫黄島で当番兵と共に。他の兵と同じ食事をし、共に戦った栗林中将は多くの者から慕われていた。最後の総攻撃の前には、「予ハ常ニ諸子ノ先頭ニ在リ」と、全将兵に呼びかける内容の電報を打ち、自ら先陣を切って突撃した。（栗林中将は写真中央／宍倉恒孝撮影）

したのは、私ぐらいだろうとは思うけどね。

「死ぬときは一緒だ」と思ってはいたし、死ぬつもりでやってる私が考えた作戦であるんでね。生き残りたくて、穴を掘って籠城しようとしてたわけじゃないんで。ほかに戦い方がなかったし、機材がなくて、セメントもあまり入らないし、要求したものも一部しか入らないし、空港もあったけど、飛行機はちょっとしかなかったから、すぐなくなったし……。

ただ、ありがたかったのは、私の説得を聞いてくれた方々もいてね。反抗した人もいたが、聞いてくれた方々もいた。「『一人十殺』で、十名のアメリカ兵を倒すまで、ゲリラ戦で命を生きながらえて戦い続けろ」っていうほうがきつい話だけどね。みんな万歳して突撃したかった

敢闘ノ誓

一我等ハ全力ヲ奮テ本島ヲ守リ抜カン

一我等ハ爆薬ヲ抱キテ敵ノ戦車ヲ粉砕セン

一我等ハ挺進敵中ニ斬込ミ敵ヲ皆殺シニセン

一我等ハ一発必中ノ射撃ニ依ッテ敵ヲ打仆サン

一我等ハ各自敵十人ヲ斃サザレバ死ストモ死セズ

一我等ハ最後ノ一人トナルモ「ゲリラ」ニ依ッテ敵ヲ悩マサン

栗林中将が硫黄島の守備隊全員に配布した「敢闘ノ誓」の五条目には、「我等ハ各自敵十人ヲ斃サザレバ死ストモ死セズ」という言葉が見える。

けど、なかなかさせずに、（一人十殺を）やらせたんでね。

B29が硫黄島に不時着するほど、日本の猛攻はすごかった

綾織　その「持久戦」についてお訊きします。今見れば、「アメリカ側に被害を与えて厭戦気分を出し、終戦に持っていく」というのは客観的には分かるのですが、実際に持久戦をやって、アメリカの世論を変えることを狙っていらっしゃったのでしょうか。

栗林忠道　いやあ、そこまでの力があるかどうかは、分からなかったですけどね。もうすでに本土空襲は始まってはいたので、それを止めることはできなかったかもしれないけど、先ほど、ここの先生（大川隆法）から説明があったように、硫黄島に不時着するB29が、その後、そうとう出てきた。まあ、あそこを取られ

ると……。

要するに、日本の猛攻もすごかったんでね。米軍のほうも、次々撃墜はされていたので。爆撃機は落としやすいですからね。やはり、大きいですから。標的が大きいので、狙えば落とせる。本土に近く、東京に近いからね。落とせるので、ここ（硫黄島）にそうとう不時着した。

だから、「不時着で助かったB29の乗組員が二万人いた」ということ、「二万人が不時着する」っていうことは、日本の猛攻がどれほどすごかったかが分かるでしょう？

1945年7月9日、日本への爆撃を行ったあと、硫黄島に不時着したB29。

もし、ここを死守することができたとすれば、この二万人の米兵は助かっていない。だから、二千何百機のB29はさらに撃墜されていることになる。千機落として、さらに二千二百機以上は落とせて、（合計）三千機以上は撃墜させられた。「不時着する」っていう以上、「火を噴いて、着陸してた」っていうことですからね。日本の反撃力はすごかったんだよ。今は「負けたらすべて終わりだ」と思ってるかもしれないけども、この反撃力がものすごかったことは、知っていてほしいと思うね。すごい戦いだったんだよ、本当に。

アメリカ軍には理解できなかった「忍耐強い日本軍」

綾織　硫黄島の戦いとしては圧倒的に不利な状況で、人数だけを取っても、アメリカには三倍の兵力がありました。

栗林忠道　うーん。（アメリカ軍は）補給はもう万全だなあ。

綾織　言ってみれば、「どこで負けるか」「どこで死ぬか」という状況ですし、すでに時間の問題でありました。しかし、そこで日本兵の人たちを引っ張って戦っていき、兵隊さんたちがそれに応えるわけです。

これは、今ではなかなか想像できないのですが、実際、どのようなかたちでみなさんを鼓舞し、戦いに持っていったのでしょうか。

栗林忠道　米軍の上陸を許して、三十分ぐらいジーッと引きつける間は、実に長い時間だったろうなあ。みんなは撃ちたくて撃ちたくてたまらんかったのに、「完全に上陸させてしまうまで、ジーッと音を出さずに待ってる」っていうの？あれはつらかっただろうなあ。斬り込みたかっただろうねえ。斬り込んで、撃ち込んで、海岸で決戦をしたかっただろうな。

しかし、それ（アメリカ軍）を、全部、上げてしまった。（アメリカ軍は）揚陸艦から上がって、これから進撃してくるところを狙われたので。だから、逃げて帰るには、また海に戻らなきゃいけないしね。どうにもならないところを……。これは兵法は兵法なんだけどね。兵法の一つなんだけど、向こうが「退くに退けず、進むに進めぬ」ところを集中攻撃したわけです。

こちらの司令官が誰であるか。まあ、「私がやってる」ということを、向こうは想定してなかっただろうと思う。どういう思考回路で、どういう作戦を立ててくる人か知らなかったので、今までと同じよ

1945年2月19日、硫黄島東岸に上陸したアメリカ軍は、直後30分間はまったく何も起こらず、戸惑っていたところに、突然、砲弾や銃弾が降り注ぎ、大混乱に陥った。初日は死者548人、負傷者1755人の被害が出た。

うにいくと思っていたんだろうね。

何て言うか、「長期的に坑道を掘って、地下ゲリラ戦を展開する」っていうふうな構想を持った忍耐強い日本軍っていうのは、彼らには理解ができなくて、「すぐ『天皇陛下万歳！』って言って突っ込んできて、終わりになる」っていうふうに考えてたので。

それから、（日本軍には）補給がまったくつかないからね。だから、「もつはずがない」と思ってたと思うので。その意味では、これは「兵法戦」だね、ある意味での。

3　日本はなぜアメリカに負けたのか

アメリカの「リバウンドする力」を知っておくべきだった

加藤　栗林中将、本日は、貴重な機会を頂きまして、本当にありがとうございます。

今年は「戦後七十年」、「硫黄島（いおうとう）の戦い」からも七十年がたちます。先ほど、栗林中将は、「生きて帰れるとは思ってなかった」と……。

栗林忠道　うーん、まあ、そうだ。

加藤　「硫黄島で少しでも長く戦うことによって、本土決戦を避けることができる」というお考えのもと戦っておられたと思います。実際、軍を率いるトップだけでなく、一兵卒に至るまで、実に多くの日本兵がそのような思いで戦っておられたのだな、と感じています。

生き残った一部の日本の兵士、捕虜になった方が、アメリカ軍から尋問を受けた際に、「栗林中将から、等しく声をかけてもらった。『ご苦労様』と声をかけていただいた」「栗林中将は、『いざとなったら、私が先頭に立って戦う』と常におっしゃっていた」というようなお話をしていたそうです。

そうした栗林中将からリーダーシップ論というか、「どのような思いで兵を率いていたのか」という点について、もう少しお話を伺えればと思います。

栗林忠道　うーん。「全員死ぬであろうと分かっている戦いに備える」っていうのは大変なことだが、長い日本の歴史のなかでは、戦国時代に籠城戦とかで全滅するような歴史がいっぱいあったであろうから、われわれが初めてではなかっただろうからね。「負け戦」と分かってても、抵抗して敗れていく戦いは数多くあったと思うけどもね。

ただ、悔しかったのは、私なんかは、戦前のアメリカを見てきている人間だけど、日本の軍部のなかにアメリカを知ってる人が少なかったんでね。だから、意見をなかなか聞いてもらえないし、アメリカの考え方とか、工業生産力のところが十分に分かってなかったんでね。

彼らのリバウンドする力のすごさ、工業力のすごさを知っておれば、「日本の〝ケチケチ運動〟でやっていた戦いでは勝てない」っていうかな。「雨水を頼りにして戦うような戦い方」では、とてもではないけど、戦えるものではなかった。だから、国民には大きな傷を残したんだとは思うけれども……。

先ほど、総裁からご説明があったようだけど、「島嶼戦」っていうことを、十分に理解できてなかった面はあるかもね。

今、同じ轍を、中国の習近平が踏もうとしてると思う。太平洋、それからインド洋、アフリカ沿岸から、最近はアメリカの〝前庭〟のところにまで軍港をつくって、中国の艦船が置けるようにしてたことが分かってきてるな。それで、アメリカが、それを撤退させようとしてるようだけど。

（習近平は）「地球上の海を制覇できる」と、どうやらお考えのようで。習近平は歴

中国が画策する「真珠の首飾り作戦」

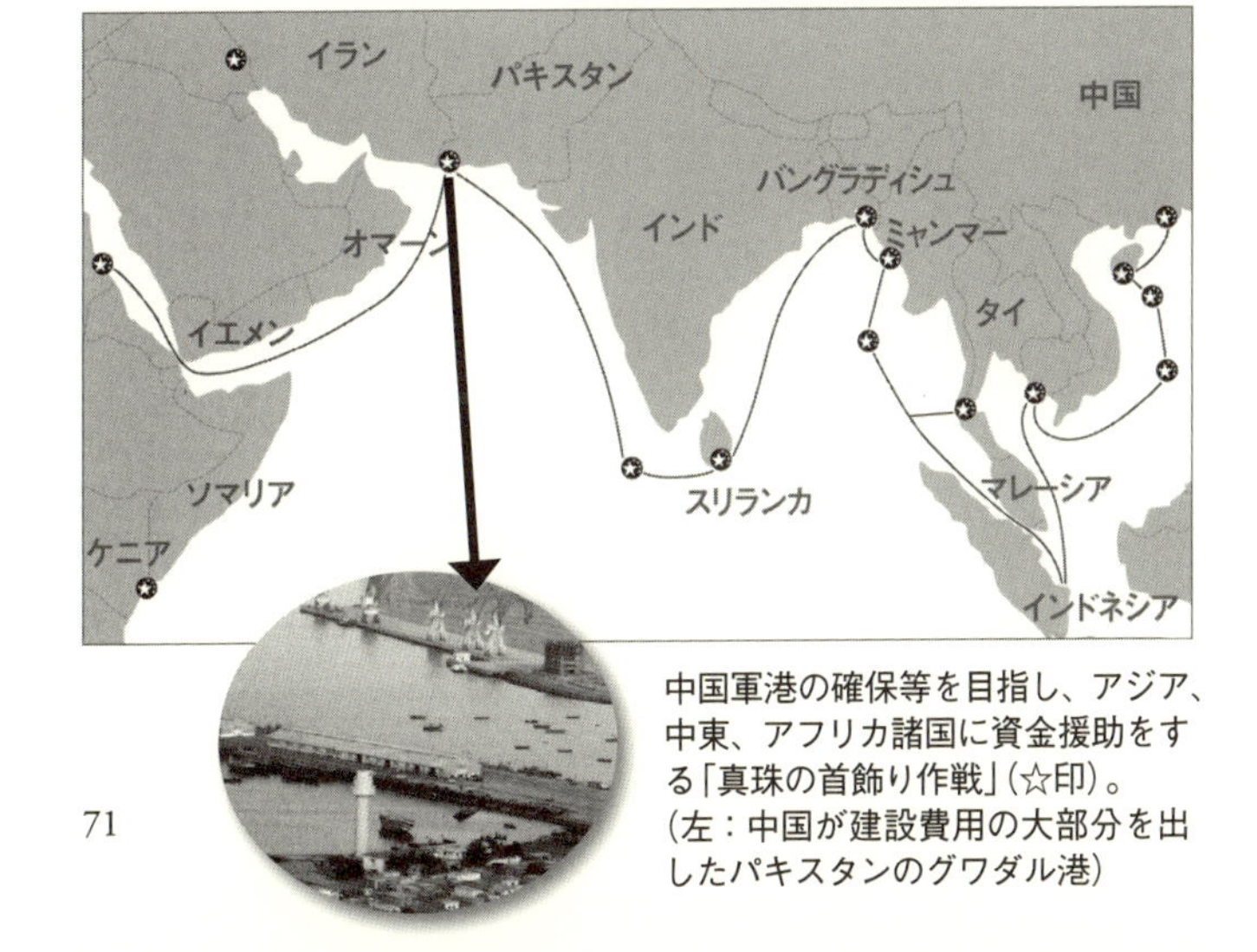

中国軍港の確保等を目指し、アジア、中東、アフリカ諸国に資金援助をする「真珠の首飾り作戦」（☆印）。
（左：中国が建設費用の大部分を出したパキスタンのグワダル港）

史に学んでいないみたいなので、おそらく、（日本軍と）同じ誤りを犯すだろうと思うけどね。

国力に差があっても、日米の総力戦は「頂上決戦」だった

綾織　先般、ペリリュー島の戦いの中川大佐や、沖縄戦の牛島中将にもお話をお伺いしています（前掲『パラオ諸島ペリリュー島守備隊長　中川州男大佐の霊言』『沖縄戦の司令官・牛島満中将の霊言』参照）。

　そのなかで、中川大佐は、「愛のための戦いであった」とおっしゃっていましたし、牛島中将は、「日本の神々を護る」とおっしゃっていましたが、栗林中将の場合は、何のための戦いだったのでしょうか。あるいは、何を護るために戦っていらっしゃったのでしょうか。

栗林忠道　私は、もともとは、「日米は友軍になるべきであって、敵同士になるべきではない」っていう考え方を持っていたので、本来、不本意な戦いではあるけども、国としてそういうことに立ち至ったならば、軍人として職務を全うするのみと。それはアメリカも一緒だろうから。私の友人たちもいたであろうけれども、彼らも「国のために戦った」という意味では、同じであろうから。誰でも、その立場に置かれれば、そうなったであろうと思うな。

だけど、（日本軍は）アメリカ以外のイギリス軍、フランス軍、オランダ軍、その他ヨーロッパの軍隊を蹴散らした。みんな（日本が）負けたことだけを記憶してるかもしれないけど、「アメリカと日本が四年近い総力戦をやった」ということで、国力に差はあったんだけれども、「頂上決戦」だったことは事実だな。

だから、ヨーロッパの国では相手にならなかったし、中国なんかは、今は偉そうに日本に圧力をかけてるようであるけれども、日本には一回も勝ったことがない。ほんとに弱い。日本人が百人いたら、中国人千人ぐらいの軍隊と戦って蹴散らせるぐらいの強さだったので、話にならなかったですね。

敵の戦艦数を減らす「ハワイ奇襲戦」は要らなかったのか

栗林忠道　そういう意味で、（日本はアメリカに）敗れはしたかもしれないけど、国力的に見れば、五分の一、十分の一と言われてたんで、考え方にちょっとミスがあったかなと思うんだ。

ワシントン（海軍軍縮）条約だったかね。「英・米・日」の戦艦比率は五対五対三にしなきゃいけないとか、そんなのが確かあったと思う。それで、「戦艦の数で勝てないので、向こうの戦艦を減らさなきゃいけない」ということで、ハワイ奇襲戦で戦艦をかなり沈めてたんだと思うんだけども、ちょっと考え方に間違いはあったかなと思うんだな。

●ワシントン海軍軍縮条約　第一次世界大戦終結後の1922年、戦勝国の海軍軍拡競争を制限した条約。戦勝5カ国である英・米・日・仏・伊の戦艦・空母の保有比率を5：5：3：1.75：1.75としたもの。1936年に無効となった。

つまり、戦艦も含めて、ほかの艦船もそうだけども、「日本の砲弾の的中率がアメリカ軍の三倍以上あった」ということを考えると、軍艦の数を考えすぎたのは、ちょっと問題だったかなと。山本五十六司令長官が「ハワイを奇襲して、敵の戦艦数を減らす」ということを考えて、戦力格差を減らそうとした作戦を立てたんだろうけど、それは大きな問題ではなかったかな。

ハワイへの奇襲は要らなかった可能性があるし、実際上、日本では知られていなくて、ミッドウェーの敗戦とか、マリアナのとか言ってるけども、アメリカの太平洋艦隊は〝全滅〟してるんですよ、ほんとは。全部、沈めてるんです。送られてきた増援部隊と戦っているわけで、米太平洋艦隊は〝全滅〟してるんです。だから、日本の戦いも、そうとう強かったのは間違いない。

ただ、やっぱり、（アメリカの）工業生産力がすごかったよね。だから、リバウンドしてくる。

ドイツがもう一段強かったとしたら、そして、アメリカがあちらのヨーロッパ戦線のほうに、もっと戦力を削ぎ続けなければいけなかったとしたら、戦局はかなり違ってた可能性があるわな。「科学は世界一」と思ってたドイツだったからね。

兵器に「イノベーション」を起こしたアメリカの工業力

加藤　大東亜戦争の開戦当初は、日本軍の連戦連勝でありましたが、一方、国力が五倍から十倍の大国との戦いであったのも、客観的な事実です。今、冷静に振り返りまして、このアメリカとの戦いには、勝てる見込みがあったのでしょうか。また、早期のタイミングでの講和などもあったのでしょうか。このあたりについては、いまだに見解が分かれているところではありますが、いかがでしょうか。

栗林忠道　作戦を立てる大本営の問題はあるだろうとは思うんだけど……。もちろん、本土での決戦の備えはしていたけれども、実際上、被害が多く出るからね。それは避けて、「本土から離れたところで決戦をしたかった」っていうことはあっただろうね。

今、あなたがたの言葉では「イノベーション」って言うんだろうけども、（アメリカでは）わずか四年ぐらいの戦争の間でも、どんどん、兵器とか戦法のイノベーションが起きてきたのでね。この速さに、なかなかついていけなかったところはあるかもし

アメリカの戦闘機B29は第2次大戦末期の2年間で4千機近くも大量生産されたと言われている（上：カンザス州にあるボーイング社のB29生産工場）。

れないね。

やっぱり、でも、最終的に見たら、弾薬、爆弾(ばくだん)、そうしたものの生産総量。それから、沈められても、沈められてもつくってくる空母。あるいは、グラマンなんか、幾(いく)ら落としても落としても出てくるし、最後にはゼロ戦よりも性能の高い戦闘機(せんとうき)も出てき始めたし、このあたりのイノベーションっていうか、向こうの研究はすごかったね。だから、日本を研究して、それを凌(しの)いでいこうとするところは、やっぱり、工業力でつくった力だと思うんだけど。

日本は、緒戦(しょせん)においては優勢に立ってたと思う。海軍力もけっこう優勢だったし、ゼロ戦は世界一だったし、「日清(にっしん)」「日露(にちろ)」「第一次大戦」と、戦争の経験もあったけど、アメリカは戦った経験がなかったですからね。だから、緒戦においては、(日本には)ベテランも多くて、それから戦法もよく勉強してたので、連戦連勝だったのは当然だったと思うし、アメリカから見れば、「地球の裏側まで来て戦う」っていうのはかなり不利ですよ、ほんとはね。

実際は、「島嶼戦（とうしょせん）」といっても、向こうは、「地球の裏側まで見て、そこで基地をつくって、補給して戦う」っていうので、日本のほうが、どっちかといえば有利だったと思う。場所的にはそう見えますね。

4　もし、栗林中将が日本のトップにいたら

昭和十七年の空襲に動じず、勢力を要所に結集すべきだった

立木　そのような客観的な情勢判断を踏まえて、それでも、なおかつ日本が勝ち筋を見つけるとなると、どのようなことが考えられますでしょうか。

例えば、先ほど、大川総裁のお話のなかで、評論家の小室直樹さんが、「栗林中将は本当に逸材であった。この方が陸軍のトップだったら、戦の流れは全然違う方向に変わっていたかもしれない」というようなことを言っていたという紹介がありました。もし栗林中将が日本の参謀総長なり、軍のトップだったとしたら、どのような戦い方、あるいは、作戦を考えられましたでしょうか。

栗林忠道　山本司令長官がね……。昭和十七年に、米軍による本土空襲があったんですよ。それで動転してしまったところがあるんだ。

ドゥーリトル隊だよね。空母ホーネットから出た十六機の爆撃機、B25が日本列島を飛び越えて、東京・名古屋・神戸などを空襲し、爆弾を幾つか落とした。そして、中国大陸やシベリア方面等、いろんなところに飛んでいったんだけど、十六機飛んで、ほとんどが墜落、ないしは不時着していて、無事に中国に着いたのは、ほんの三、四機ぐらいだったと言われている。

だから、行って還るだけの力はなかったんだ。もう向こうは、やられてばっかり、負けてばっかりなので

ドゥーリトル隊は、1942年、日本本土に初めての空襲を行ったアメリカ軍空母搭載の爆撃部隊。（上：空母から発艦するB25）

ね。連戦連敗で、もう負けっぱなしだったので、やけくその奇襲攻撃で一矢報いようとして。還ってこられない……、要するに、〝特攻隊〟だよ。向こうも特攻隊のつもりで飛んできて、東京に爆弾をちょっと……。

まあ、被害はほとんどなかった。大した被害はなかったんだけど、精神的被害が大きかったね。「昭和十七年の段階で空襲がある」っていうのは、まったく予想してなかったので。

それを、あまりに過剰反応しすぎたね。実際は、そこまで飛べる能力のある爆撃機を（米軍は）持っていなかった。そのあと、ほとんど落ちているわけでね。爆弾を落としたあと、自分たちも〝落ちている〟状態だった。

けれども、「日本に脅威を与える」という意味でやったので、これで、山本五十六司令長官が、もう「アメリカの本土空襲は本格的になる」と思って焦って、アリューシャン列島、それから、サイパンやグアム、そのあたりのところに兵を展開して、島を取ることにずいぶん執着なされた。

しかし、本当のことを言えば、実際は、それほど大きな問題ではなかったのではないかと思う。

このときに動転せずに、勢力を南方なら南方のほうに絞って投入すれば。例えば、サイパンからの攻撃・空襲が、最終的には大きかったわけですから、サイパンを要塞化して護り抜いていたら……。

だから、空母なども、もっと集めて、やったらよかった。

日本の強さを敵にうまくＰＲできれば、戦局は変わっていた

栗林忠道　また、ある人が言っているように、戦艦「大和」や「武蔵」というような世界最大の戦艦があったことは、最初から堂々と世界に発表しておくべきだったと思うんですよ。

そうしておけば、脅威を与えることはできた。「世界最大級の戦艦までつくられた。最初の、ハワイのパールハーバーの攻撃を見たら、世界最大級の戦艦までできている。これは敵わん」っていうんでね。そこまでなくても、もっと下のレベルの戦艦で十分に戦えて、イギリスの戦艦ぐらいを沈めるのは、わけがないぐらいの状態であったので。それを、もう少し……。

やっぱり、ＰＲが下手だったな。圧倒的に、敵を知ろうとしなさすぎた。敵をもっと知るべきだったね。

アメリカは、「イエローモンキー」と言いつつも、日本軍の研究はしていたけれども、日本のアメリカ研究はかなり後れてたね。ドイツとかへ留学する人はいたし、フランスとかにも行ってたけれども、アメリカへ行く人の数はまだ少なかったんで。次の仮想敵国であったなら、もっとアメリカを知っている人が多くいるべきだったんではないかな。

●フランクリン・ルーズベルト（1882 ～ 1945）　アメリカ合衆国第 32 代大統領。第二次世界大戦で連合国の指導に当たるも、勝利目前に急死した。

綾織　「ＰＲ」という意味では、やはり、ルーズベルト大統領の、いちばん弱いところは、「民意が戦争のほうに向かっていない」というか、「反対している」というところでした。

栗林忠道　そう。「戦争しない」ということを公約にして、大統領戦を勝っているんでね。

だから、「いかにして国民を燃え上がらせるか」が、彼らの主たる戦法だった。国民がその気にならなかったら、やっぱり戦いにできないので、それが苦心の策だった。「どうやって盛り上げるか」っていうことを、ずいぶんやっていたよね。

やっぱり、あのあたりは、もっともっと……。

中国のほうは、宋三姉妹のなかの、宋美齢が（アメリカで）講演して回ってね。

●宋美齢（1897頃～2003）　中華民国・蒋介石夫人。ルーズベルト大統領の招聘でアメリカ全土を巡回し、一方的に日本からの被害を訴えることで援助を引き出し、アメリカの対日世論および政策に大きな影響を及ぼした。

戦意をかき立てて、中国を護ってくれるようにアメリカへ訴えかけたけど、人一人でもけっこうできるんだよね。

だから、（日本も）アメリカで、それだけPRして回れる人材をつくって、やっておれば、あるいは、「もう少し違う局面はありえたかな」っていう気はするんだがな。

綾織　要するに、「日本の軍事力をきちんと見せる」ということですね？

栗林忠道　うん。

綾織　そして、真珠湾攻撃も、結果的には、実際の効果がそれほどなかったわけで、「そうした作戦も考え直していれば、また違う展開になった」ということでしょうか。

栗林忠道　アメリカを怒(おこ)らせたよな。それは、山本司令長官も知ってはいたようだけどね。

だから、「事前通告しなければ、国際法上、あとで問題になって、アメリカをすごく怒らせる」っていうことを彼もよく知ってたことは、あなたがたもたぶんご存じなはずだけど。それを軍部のほうが、よく理解していなかったところがあるんだな。

いつも日本は奇襲をするので、アメリカも「(日本は)奇襲をするだろう」と思っていたからね。それについては、アメリカ国民の、「『すごく卑怯(ひきょう)だ』と言って怒り出したら、止まらない」っていう気質を、もうちょっと知ってほしかったな。

それから、ペリリュー島等での日本の奮戦を、もっともっと上手に、国際的にPRすることができたら。アメリカでなくとも、欧州のほうでPRしておれば、伝わっていたはずだからね。

これは、日本語だけのPRでは足りなかったな。

現状分析の目が強ければ、ドイツの「Uボート」をまねできた

立木　先ほど、「アメリカのほうは、民意としては戦争を望んでいなかった」というお話がありました。それにもかかわらず、ルーズベルト政権が、ある意味で日本を追い込んで、戦争に至ったわけです。

また、栗林中将はもともと、先ほどおっしゃったように、「日米は戦争をするべきではない。友邦というか、仲間でいるべきだ」というお考えだったと思います。

そこで、お伺いしたいのは、もし、栗林中将が政治家なり、外交官なり、そうした立場にいらっしゃったとしたら、日米関係を、そのような友好的な方向に持っていけるような対応は可能だったのかどうかということです。

日本の外交政策レベルで、そうしたアメリカの、ある意味での罠を凌いで、何とか戦争回避等に持ち込めるような可能性はあったのかどうか、このあたりについてお考えがあれば、お伺いしたいと思います。

栗林忠道　うーん。でも、唯我独尊っていうか、日本は、独自の、昔からの戦争の伝統みたいなものの勉強は、よく陸軍大学校等でもやってはいたんだけども、ある意味でジャーナリスティックっていうか、現在ただ今に起きていることを分析する力が弱くてね。

私なんかも、最初はジャーナリストを志したこともあるんだけども、「現在ただ今の現状を分析する目」だよね、ジャーナリストの目は。「過去」じゃないよね。だから、それがやっぱり弱かったかな。

（日本は）ドイツと同盟を結んでいてだね、ドイツも「科学技術は世界一」と思われていたのは事実ではあるんだけども。それで、ドイツは「Uボート」を使って、イギリスに入る輸送船をかなり沈めていたから、イギリスは、食糧が入らなくなって、もうブリテン島丸ごと飢餓状態に置かれる寸前まで行ってるんでね。

だから、一つは、「Uボートが輸送船を沈めて、やっていた」というようなことを、日本も知っていて当然なのに、そのまねをしていないわね。こういうところは、やっぱり、ジャーナリスティックな目がないね。

戦陣訓みたいな戦争の訓令を、昔のものから取ってきてやるのは、すごく長けているんだけど、「現在ただ今を分析する目」が弱い。そして、そこから法則を立てる目が弱いわね。

●Uボート　第一次・第二次大戦時のドイツ海軍の潜水艦。当初、イギリスへの対抗から商船を次々と撃沈して戦果を挙げ、やがて連合国・中立国のあらゆる船舶を無差別で攻撃し、大きな脅威となった。

「護送船団方式」を用いれば、輸送船団を護ることもできた

栗林忠道　そうしたUボートでやっていたことを知らなきゃいけないし、（第一次大戦のとき）これを破った作戦が、イギリスのロイド・ジョージ●（当時の首相）がつくった作戦で、「護送船団方式」だね。これは、今は悪い意味で使われていると聞いていますけども、「輸送船の周りを、駆逐艦とか、いろんな軍艦で護って、襲ってこようとする潜水艦に爆雷を落として沈める」というもので、これで被害が激減して、逆にUボートのほうの被害が多くなった。

この作戦に対しては、イギリス海軍は反対していたはずで、「戦艦や巡洋艦、駆逐艦を使って、輸送船の周りを囲んでやるなんて、こんなバカな戦い方はない。そういうものは、戦艦とか空母を攻撃するものであって、輸送船を護るために使うべきではない」と言っていたけど、実際、ロイド・ジョージの意見が正しくて、

●デビッド・ロイド・ジョージ（1863～1945）　イギリスの政治家。第一次大戦中、首相に就任。ドイツ海軍のUボートによる無制限の商船攻撃に対抗し、商船を船団にして海軍に護衛させることで被害を10分の1まで下げた。

被害が激減し、これがドイツの負けるきっかけになっていっているよね。

だから、護送船団方式で護れば、日本だって輸送船団を護って、前線に食糧や武器、弾薬、あるいは、水などを補給することはできたんだけども、輸送船は輸送船で、けっこう、護衛も十分でないままに行っていて、沈められているからね。

このあたりは、ジャーナリスティックな分析が、やっぱり足りてないな。これは惜しいなあ。

5　アメリカの「強さ」と「反省点」とは

時代は「科学的・現実的な力」での戦いに移ってきつつあった

加藤　硫黄島のお話から始まりましたが、やや本質的、大局的な質問もさせていただければと思います。

今年（二〇一五年）は「戦後七十年」ということで、「先の太平洋戦争、大東亜戦争が、いわゆる、中国・韓国が主張するような日本の侵略戦争であったのか。それとも、日米の覇権戦争であったのか。日本の自衛戦争であったのか。もっと大きな目で歴史を見れば、『白人優位の植民地支配時代を終わらせる』という大きな意味合いもあったのか」等、さまざまに国論を分ける議論が、今起きています。

硫黄島の戦いも経験された栗林中将におかれましては、先の戦争をどのようにご覧になり、総括されているのでしょうか。ぜひ、改めてお聞かせいただければと思います。

栗林忠道 「長引いたら負ける」という読みは正しかっただろうとは思うけどね。

ただ、かつて、日清戦争が「負ける」と言われ、日露戦争も「負ける」と言われていたからね。「国力は相手が上だろうから、負ける」と思っていたのに、勝ったから。あれは、兵法で勝ったようなところもあるからね。

それと、やっぱり、軍人の訓練だよね。「練度によって、軍隊というのは違いがある」ということがあったのでね。

だけど、その時代が終わって、驕っていたことも、少しあったかな。「神風が吹いて助かる」みたいに思ったところが、少しあったのかもしれない。

だから、時代は、アメリカの時代に、二十世紀はなっていったけども、「精神論による勝利を願う時代」から、「プラグマティックな、現実的な力での戦い」っていうのかな。「科学的な戦い」だよな。こちらのほうに重点が移ってきつつあったことは、やっぱり知らなきゃいけないね。

原爆も、ドイツが研究していたから、「ドイツよりも早くつくらなきゃいけない」っていうことで、アメリカでつくった。結局、ドイツが降伏してしまったから、日本に落とされてしまったことになったけれども、「そうした科学技術の進化による戦いに移ってきつつあった」ということは、やっぱり、もうちょっと知るべきだったかな。

「ジャーナリスティックな面」と「科学技術」で後れを取るなかれ

栗林忠道　それで、（日本は）「機動部隊によるハワイ奇襲」っていう作戦を見せたんだけども、向こうのアメリカがそれを〝本家取り〟して、いまだに七十年間、戦後も続けている状態だよね。機動部隊による世界支配をやっているので。

だから、すごく先駆的なものを、実は日本が見せてしまった。その戦いは、その後、七十年も続くような戦い方だったので、そういうことはよかったのですがね。

あとは、やっぱり、「暗号の解読力」。あるいは、「電探（電波探信儀）」だね。要するに、レーダーによって、空襲なんかを早期に察知することができたりすれば防げるっていうことが、見抜けなかったところは大きかったね。

特に、「アウトレンジ戦法」という、「日本機の航続距離は長いから、向こうが

●アウトレンジ戦法　敵軍機の射程外である安全圏から遠距離攻撃する戦法のこと。劣勢に陥った日本軍が兵力を温存するためにマリアナ沖海戦で導入したが、米軍のレーダーに察知され、逆に大打撃を受ける結果となった。

攻撃できないところから攻撃をかければ、長い槍でつつくような感じで勝てる」と思ったような作戦があったけど、「長い航続距離を飛んできて、疲れたところで空中戦をやる」っていうことの不利を計算できなかった。それから、向こうが電探、レーダーを使って、「来る」というのを見越していて、上空で待ち構えていたみたいな戦い方ね。イギリスがドイツ軍を破った戦いも、これと一緒だけど。あれは暗号解読だけどね。

こうしたことから見れば、やっぱり、科学技術の進歩についていけないで後れを取ったら、勝てない時代に入った。これは今もそうだろうと思う、たぶんね。だから、「後れを取ったら、ついていけなくなる」っていうこと。それと、「ジャーナリスティックに、日々に変わっていく、いろんな事情を解析していって、変えていく力がなければ、やっぱり駄目なんだ」っていうこと。

アメリカは、「科学技術の進歩」と「ジャーナリスティックな面」が、すごく強かった。この二つが、要するに、反戦に向いていた（アメリカの）世論を主戦論に変えていくわけだけれども、こうしたジャーナリスティックな分析能力みたいなものが、日本は十分じゃなかったね。

だから、〝洗脳体質〟というか、上から、「かくあるべし」だけでずっと洗脳されて、実際に被害が出ていても、それを、「被害は出ていない」みたいに言ったり、負けても「勝ったよ」みたいに言ったりして、情報隠しをしていた。そのあたりの面が、ちょっと弱く出たかなあ。

もし、被害を正確につかむ力があれば、「供給力をもっとつけなきゃいけない」ということも分かっていたかもしれないしね。被害がなかったように言えば、供給する必要もないからね。

「パールハーバーで奇襲が行われたときに、東條英機首相がその作戦を知らなかった」っていう説があるぐらいだからね。それは、やっぱり（東條が）陸軍だからね。知らされていない。「あれは海軍の秘密作戦だったから、陸軍は知らされていなかった」っていうぐらいの、そんな恐れ入るようなセクショナリズムもあったしね。

まだまだ、「日々に刷新していく力」っていうか、そういうものが弱かったね。

だから、これからの日本も、そうしたジャーナリスティックな面の進化と同時に、科学技術で後れを取ったら勝てないんだということだよ。

例えば、「宇宙空間にロケットを飛ばし、人工衛星を飛ばし、宇宙ステーションをつくって、人を送り込んでいる国には、戦争的には、先行きはもう勝てなくなるんだ」ということは、やっぱり知っておいたほうがいいだろうね。

日本は「アメリカの民主主義」の本当の強さを知らなかった

綾織　先ほど来、日本の反省点をお話しいただいていますが、栗林中将は、アメリカに非常にお詳しいと思います。アメリカの駐在武官もやられていますし……。

栗林忠道　はい、そう。

綾織　アメリカの大学でも学ばれていたので、「アメリカの側として、先の戦争について反省するとしたら、どのようなことがある」とお考えでしょうか。

アメリカは、「貿易や移民などを禁止して、日本を追い込んでいった」ということもありますし、あるいは、「敵を間違えたのではないか」ということもあると思うのですけれども、どうお考えでしょう。

栗林忠道　だから、たぶんね……、ここは難しいところだけど、日本人は「アメリカの民主主義」を十分には理解していなかったと思うんだ。

ああいう合衆国……、今は五十州あると思うけども、いろんな〝国〟に分かれた寄せ集めの国だし、人種や民族がいろいろあって、「そういう、日本的な伝統もない寄せ集めの国が、そんなに強くなる」っていうことは、ちょっと考えられなかった。

だから、烏合の衆のように見えていたところがあるんだな。民主主義を「烏合の衆」というように理解していた面があるわけだ。

それで、「日本は、先祖伝来の日本の神々が統率されてきた、連綿とした国家があって、統一国家で、みんな『一億一心』で戦っているから強い。精神的にも強い。

だけど、アメリカは、そういう寄せ集めの、黒人もいれば、スパニッシュもいれば、インディアンもいれば、戦いたくない人もいるかもしれないのに、いろんな人を無理やり寄せ集めてやっているから、精神力が弱い。だから、その分、軍事力の不足は補えるのではないか」と、見ていたところがあったんだよね。

そういう意味で、（日本から）留学していた人、あるいは、アメリカに駐在していた人の数は少なかったこともあるけれども、民主主義の本当の強さを知らなかったところがあった。

アメリカは民主主義に基づく「能力主義」を徹底していた

栗林忠道　やっぱり、（アメリカの民主主義の）本当の強さは、何て言うか、うーん……。

まあ、「平等」と言っても、日本では、「平等」を言うと、共産主義のほうにすぐ引っ張っていかれるんだけど、「アメリカの平等」っていうのは、「人材がどこからでも出てくる」という意味での平等なんだよね。

だから、生まれによらず、能力のある人は抜擢していくし、学歴だって一代きりで出てくる。だけど、それも日本では年功序列でかなり考えていたところがあって、先に先輩がいたら、その人が死ぬまでは上へ上がれないところがあった。でも、アメリカのほうは、ハワイで奇襲を受けたら、すぐ大将を替えてね。二十数人抜きで少将から大将に上げて、向かってくるようなところがあったわね。

そういう意味で、みんな、ある意味で平民で、歴史のない国家で、いろんな移民の集まりだからこそ、「昔、殿様だった」とか、「昔、何とか藩の○○だった」とか、そういうようなものが残っていない。それで、成功というか、出世するっていうか、そういうチャンスにすごく恵まれていたところがある。そういう「能力主義」という意味で、向こうのほうが徹底していたところがあったね。

第二次世界大戦中、アメリカ海軍序列28番目の少将から太平洋艦隊司令長官に就任。一気に大将となったチェスター・ニミッツ(1885～1966)。

だから、日本は、そういう目が、一種の〝信仰〟に近いものというか、先入観で、そうとう縛られていたものがあったので。「あいつは薩摩出身だから」とか（笑）、例えば、そんなような感じかな。「薩摩だからいい」とか、「長州だから強い」みたいな感じが、まだ残ってはいたので。

今、四十七都道府県あるのだろうけど、二県だけから人材を出すなんて言ったら、やっぱり、人材は枯渇するよ。今だって、鹿児島県出身の人と山口県出身の人、まあ、山口県の人が首相をしているから、言ってはならんけれども。山口県と鹿児島県から出てきた人ばかりを〝偉いさん〟にみんな集めたら、例えば、軍人と政治家を全部、これで固めたら、やっぱり、能力において日本最高レベルにはならないでしょう。どうですか？

綾織　はい。

栗林忠道　そういうところに違いがあったのでね。

だから、アメリカの悪いところは……。一見、バラバラに見えるところは弱いけれども、「いったん、心が一つにまとまったとき」だよね。要するに、これはデモクラシーのもとだけど、「みんなでいったん決めたことだ。議論はたくさんあるんだが、みんなで集まって、『それ』って決めたことに関しては従う」という、これは民主主義のルールなんだけど、日本では、そういうところがあんまりないんだよな。

つまり、「上が決めたことを命令として出したら、そのとおりに従う」というスタイルであって、そのトップの人材が本当に選ばれるシステムで出てくればいいかもしれないけど、必ずしもそうではないところがあったということだな。

「アメリカが孤立主義に陥った理由」と「ドイツの問題点」

綾織　今年（二〇一五年）、日本では、「戦後七十年で歴史の見直しを」という運動が起こっています。

一方で、アメリカのなかにも、一部ですが、やはり、「完全に日本が悪いというわけではなかったのではないか。アメリカのなかにも、ルーズベルト大統領を中心にして、判断を誤った可能性があるのではないか」という議論が出ています。

この部分について、先ほども、「本来、アメリカと日本というのは友邦であるべきで、頂上決戦だったとしても、戦うべきではなかった」というお話もありましたので、アメリカの側で、今、何か間違いを反省するとしたら、どういうものになりますでしょうか。

栗林忠道　うーん（約五秒間の沈黙）。だから、アメリカが孤立主義に陥っていたのは、やっぱり、「ヨーロッパに対して、文化的に後れがある」というように、自分たちで理解したところがあったんだよね。

移民の国だし、どちらかといえば、マイノリティで排斥された人たちが、イギリスからアメリカ（大陸）に渡ってきてつくった国なので、国に対して、自信がそんなにはなかったところはあるわね。世界一はイギリスだったから。英国が世界一であったのでね。

あるいは、ドイツの科学技術なんかもそうとう進んでいて、先ほどは、「アメリカのシャーマン戦車を、硫黄島で、日本軍が初めて撃破した」という話が出ていたけれども、アメリカの戦車でも、ドイツの戦車と戦ったら、「アメリカの大砲から砲弾を撃っても、ドイツの装甲だと弾き返されてしまって、貫通できなかった。（アメリカの戦車は）おもちゃみたいだった」というぐらい、ドイツの武

●孤立主義　アメリカ合衆国第５代大統領ジェームズ・モンローがヨーロッパ諸国の国際問題に関与せず、相互不干渉を主張した外交原則。モンロー主義。

器は優れていたんだよね。

それだけのドイツだったが、あれも（隣国との間には）海がなく、四方に侵攻はしたけれども、今度は敵に囲まれた状態になったところがあったね。（日本も）最後、ソ連に北方領土を宣戦布告で取られるぐらいであったら、ちょっとでもシベリアをつついておけば、（ソ連は）あれだけ兵力を全部ヨーロッパに集中することはできなかった。少なくとも半分に割らなければいけなかったかもしれないので、（日本がソ連を攻めなかったことで）ドイツの没落を早めてしまったところはあるかもしれないけどね。

あとから言ってもしかたないが、科学技術が最高でも、ドイツの場合は、若干、何に問題があったかな。

「資源がないのは日本と同じところがあった」ということと、ドイツの場合には、もうひとつ、やっぱり、「錦の御旗が十分になかった」ということは事実だよね。いまだにヨーロッパの中心ではあるけれども、錦の御旗として、「何のためのヨーロッパ占領であるのか」というところが、もうひとつはっきりしなかったな。

それと、ユダヤ人殺しに関しては、やっぱり、虐殺について日本も反対していたぐらいだから。日本もユダヤ人を逃がしていたぐらいで、イギリスにもユダヤ人はそうとういたし、ついにはアメリカにも逃げていってたのでね。

だから、大義が十分になかった点はあったかなという気はする。

「戦略家がいたアメリカ」と「人材不足だった日本」

栗林忠道　今から考えてやり直すといっても、少なくとも、これは、軍事だけではなくて、政治、外交の面まで含めてやらなきゃいけないことなので。日清、日露、第一次大戦と戦勝国になっていた日本を黙らせる、引っ込ませる、あるいは、

「（日本に）非武装中立のようなことを言わせる」っていうことは、ちょっと無理だったかもしれない。中国を占領したとしても、ヨーロッパのほうで日本軍を追い出せるようなところはなかったからね。

そういう意味で、アメリカの指導部は、おそらく、その中国を梃子にして、まあ、自分らも中国まで出たかったからね。フィリピンを取ったら、次には中国まで出たかったというのは分かってるから、日本にいいところを取られたのを惜しく思ってたのは間違いない。ほかのところはヨーロッパの植民地になっていて、中国ぐらいしか残ってなかったから、それを取ろうとしていたのは間違いないですけども、「あちら（アメリカ）の政治家には戦略家がいた」ということだろうね。

日本の政治家の戦略家には、若干、世界情勢等の分析に欠けるところがあったんじゃないか。国際連盟の脱退もしてるしね。

そのへんの、政治家と外交官の両方において、やはり、人材の不足を感じるがね。

栗林中将の「世界的スケールの認識力」のルーツとは

立木　これまでの栗林中将のお話を伺(うかが)っていますと、アメリカの民主主義に対する理解や、今、お話しいただいたドイツの情勢など、当時の日本における認識をはるかに超(こ)えた、非常に世界的なスケールでお話が展開されています。

このような認識やものの見方というのは、当然、アメリカ等で駐在武官をされていた経験も作用しているのだとは思いますけれども、ひょっとしたら、それ以外に、もっと広く、霊的(れいてき)な意味での、魂(たましい)から見てのバックグラウンドがおありなのではないかと感じたのですが、いかがでしょうか。

栗林忠道　うーん、それはもちろん、戦前のアメリカやカナダを知っていたということは、今に比べて、もっとものすごい「文化落差」を知っていたということで、その意味では大きかっただろうとは思うけどね。

また、アメリカ自身も、現実には、自分らの強さを知らなかった。要するに、（アメリカは）ヨーロッパよりも文化的に後れていたと思うし、本当は日本の連合艦隊がほぼ壊滅状態になっていたことを、アメリカ自身も知らなかったようなこともあったんでね。

私が、その硫黄島に赴任したときも、「マリアナ沖海戦で、日本の連合艦隊が消滅した」っていうことを、知らなかったぐらいなので。「え!? 援軍はないのか。陸の孤島で戦うのか」っていうところがあった。本当は、援軍ぐらいは来ると思っていたが、まったくないんだということを、そのときに知ったぐらいなので、彼我の戦力分析は、十分ではなかったですかね。

「（その認識力は）どこから来るか」と言われても、私は地獄に堕ちてはいないのでね。「アメリカ人を二万九千人近く殺傷して、地獄に行っていない」と言ったら、アメリカ人は怒ると思うが、行ってないものは行ってないんだから、しょうがないわなあ。（硫黄島の戦いで）死にましたけど、地獄には行ってなくて、そのまま神様の世界に還ってしまったので、申し訳ないね。

もし、これ（本霊言）が英訳される機会があって、アメリカの諸君は腹が立ったら、許したまえ。「アメリカ人を殺していても、天国に行けることもある」っていうことを知るのはつらいだろうな。

6 栗林中将が担(にな)っていた「霊的使命(れいてき)」とは

天国に還(かえ)れたのは「国体護持(ごじ)」の大命(たいめい)を果たしたから

綾織 先ほど、「自ら(みずか)突撃(とつげき)した」ということも、事実として確認されたのですが、その後はスッと天上界(てんじょうかい)に還(かえ)られたのですか。

栗林忠道 日本軍人のみんなは、「生あれば死あり」と思うことで、国を護(まも)って、魂(たましい)になって、高天原(たかまがはら)に還るっていうか、「靖国(やすくに)で会おう」というレベルの人も多かったけどね。

でも、とにかく、私の大命(たいめい)は、やっぱり、「この国体の護持(ごじ)」だったとは思う。

綾織　ああ、なるほど。

栗林忠道　「この日本の国体を護る」というのが、私のほうにかけられていた責務ではあったので……、国体護持をしたので、天国に還れたんだとは思うけどね。

綾織　その意味では、持久戦をすることによって本土決戦を避けることが、「国体を護る」ということだったということでしょうか。

栗林忠道　だってね、君、歩いて回れるぐらいの大きさで、硫黄が噴いてるような、食糧もない、水もない、何もない島の地下で立て籠もっているところに、海一面を埋め尽くすアメリカの海軍がやってくる。

補給部隊も後ろについていて、六万人が上陸して攻めてくるし、武器は戦車から何から、もう幾らでもあるし、それから、上から空爆もかけてくるっていう状況で、まさか、二万九千人ものアメリカ人が、死人となったり、五体満足でないかたちでの傷病兵となって引き揚げられたりするなんて……。（アメリカ軍の）半分がやられるなんて、考えてもなかったであろうからね。

武士の散り際として、「散るぞ悲しき」とは言ったものの、「もう一段の、武器と弾薬と食糧と水さえあれば、われらはもっと戦えた」ということは、最初から分かっていた。本土に対しても、「陣地をつくるのに要るので、もう一段の資材を送れ」と、何度も言ってたんだけど、くれないしな。うーん、もう一段の補給がつけばね、

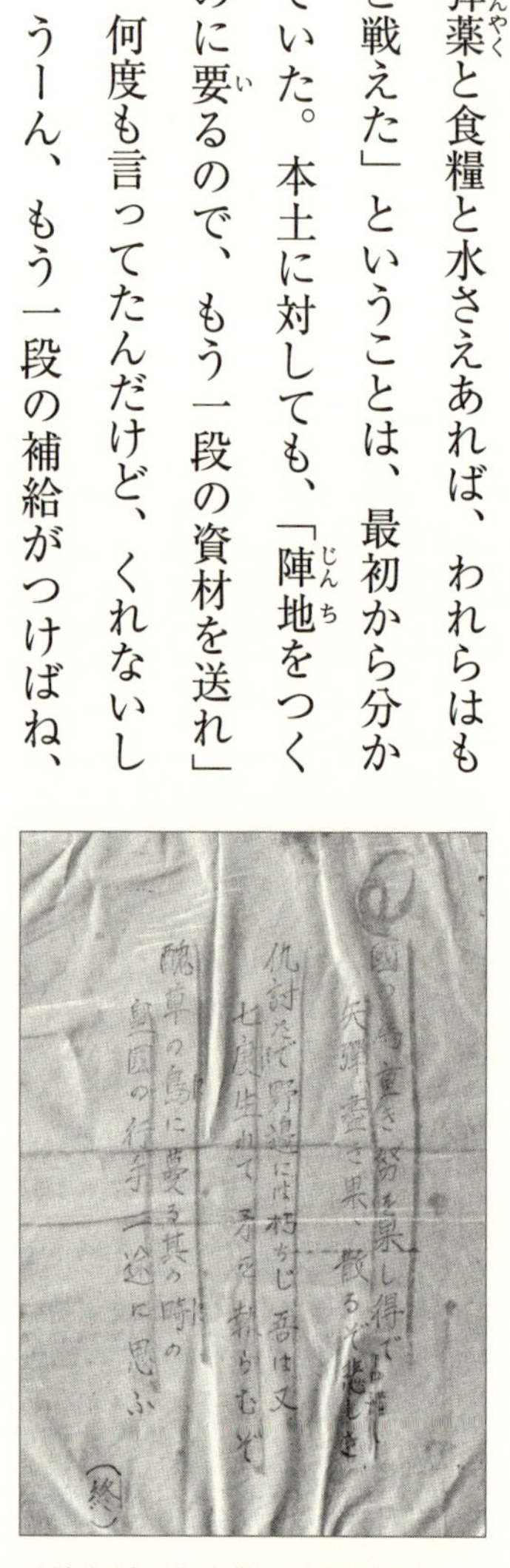

栗林中将が大本営に訣別電を送った際の辞世の歌。「国の為重き努を果し得で矢弾尽き果、散るぞ悲しき」

もう一段の戦いができたのに、残念……。

だから、先ほど、総裁が好意的に言ってくださったが、もし、サイパン本島のほうを私にお任せいただいてたら、あそこで米軍を撃滅できていた可能性は多分にあるし、東京空襲もできなくなっていたと思うので、ちょっと残念な思いはあるなあ。

栗林中将は〝秘密兵器〟として現代に生まれ変わっている？

綾織　お話をさせていただいていて、何と言いますか、地上に生きている方とお話ししているような感じが……。

栗林忠道　ああ、そうか。ハハハハ……。

綾織　合理的なお考えを持たれていますし、現代にも通じていらっしゃって……。

栗林忠道　ああ、そうなんだよ。長年、地獄の牢獄のなかにいるわけでなく、自由に放たれているものなんで。まあ、（地上を）見てるんだ。

綾織　はあ。

栗林忠道　みんなで、もっと泣かなきゃいけないいんだよなあ？

綾織　いえいえ。

栗林忠道　号泣しなきゃいけないな。

綾織　いえいえいえ。全然そんなことはないですけれども（笑）。

栗林忠道　どっかで一回、泣かしてくれよ。なんか、泣くようなことを言ってくれ。

綾織　もしかして、何か……。

栗林忠道　ああ？

綾織　（笑）すでに、地上で何か仕事をされていたりするのですか。

栗林忠道　アッハハハハ……。それはタブーだな。

綾織　あ！　そうなんですか。

栗林忠道　うん。それはタブー。タブーかも。

綾織　ほう。

栗林忠道　ほう！

綾織　では、その可能性があるというふうに……。

栗林忠道　ないわけではない。

綾織　そうですか。

栗林忠道　うーん。

綾織　では、今、地上に生まれ変わっていらっしゃったりしますか？

栗林忠道　さあ、どうか。

綾織　（笑）

栗林忠道　ハハハハ……。タブーかも。

綾織　そうですか。

栗林忠道　うーん、それは言っちゃいけない。いやあ、やっぱり、〝機密〟は漏らしちゃいけないんじゃないか。

綾織　なるほど。

栗林忠道　いやあ、〝機密事項〟っていうのが、いろいろあるんじゃないか。

綾織　〝機密〟ですね？

栗林忠道　事前に分かると、また、罠がかかるといけないから。そりゃ、〝秘密兵器〟は、いろんなところに隠れているかもしれないなあ。

綾織　〝秘密兵器〟として、今、どこかにいらっしゃるわけですね？

栗林忠道　そうだね。

綾織　あ！　そうですか。

栗林忠道　いるかもしれないね。現代にね。

「日本的にはまだ無名(むめい)だが、いずれ名乗りを上げることになる」

加藤　年齢(ねんれい)的には、まだお若い方ということで。

栗林忠道　アハハハ。そこまでくるかあ。まあ、それは……。

加藤　学生さんとか、まだ若い年代でいらっしゃる。

栗林忠道　まあ。いや、（加藤に）今、君の戦い（政党活動）も苦戦してるらしいから、いずれ助けてあげようとは思うとるがね。

綾織　なるほど。では、いずれ、出てきてくださると理解してよろしいのですね？

栗林忠道　いや、もう出てるよ。

綾織　出ている？

栗林忠道　うん、アハハ。

綾織　では、もう、どこかに？

栗林忠道　だけど、日本的には、まだ無名(むめい)だな。日本的にはね。出てはいるが、日本的にはまだ無名だ。

綾織　私たちの知っている人であるわけですね？

栗林忠道　分からない。

綾織　そうですか（笑）。

栗林忠道　知ってるかもしれない。知らないかもしれない。

綾織　そうですか。なるほど。では、そのへんは〝機密〟ということで。

栗林忠道　まあ、いずれ、名乗りを上げることになる……。

加藤　けっこう大きな使命を持っていらっしゃる方は、現代は、男性よりも女性として生まれ変わるケースも多いようですが、いかがですか。

栗林忠道　（笑）まあ、〝秘密兵器〟は隠しとかないといかんでな。

綾織　なるほど。

栗林忠道　敵を十分（じゅうぶん）に引きつけてから、撃（う）たなきゃいかんから。

綾織　ああ、なるほど。分かりました。では、これからご活躍（かつやく）いただくということですね。

7　中国の覇権主義に日本はどうすべきか

中国の拡大戦略は「壊滅的被害」と「国の崩壊」を招く

綾織　現代の問題について、一つ、お伺いしたいのですが、先ほど、「中国が、かつての日本軍と同じ轍を踏むのではないか」というお話がありました。

栗林忠道　たぶんんね。

綾織　それは、やはり、「いろいろなところで島を押さえていき、かなり領土・領域を広げている」というようなところでしょうか。

栗林忠道　うん。まあ、バカなことをしているよね。南沙諸島の、あれだろう？　珊瑚礁を埋め立てて、三キロの滑走路をつくろうとしたりしてるんだろう？

綾織　はい。

栗林忠道　私らにアドバイスさせたら、「そんなことをしたら、もう全滅になるよ。米の第七艦隊の機動部隊が来て、囲まれたら、もう全滅だよ。そんなことも

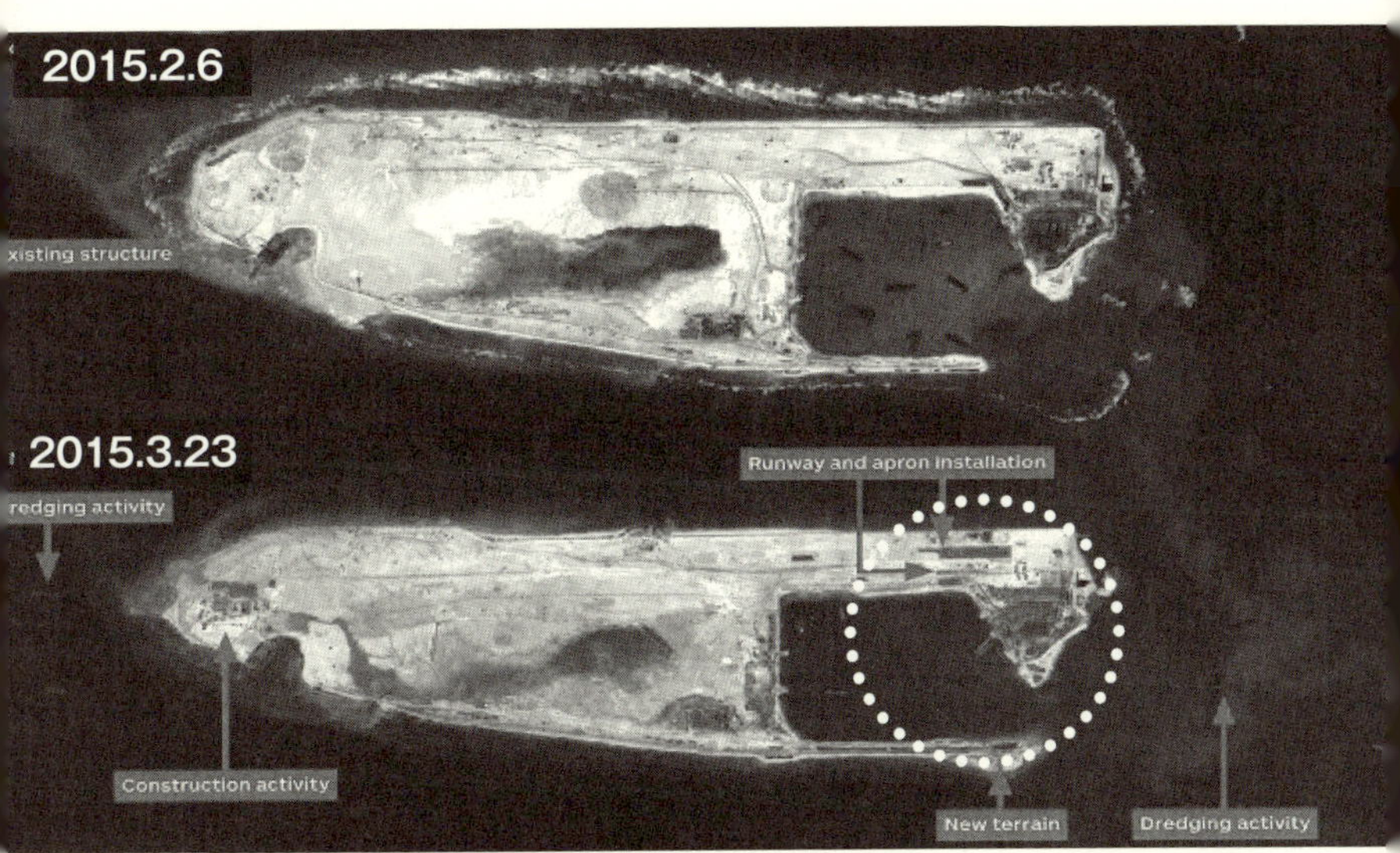

南沙諸島ファイアリー・クロス礁は、もともとは暗礁だったが、中国が大規模に埋め立てて 1km^2 の人工島を造成。さらに、2015 年に入ると、島内に滑走路を建設する様子が撮影された（写真丸囲み部／ CNES/Airbus DS）。

分からないのか」っていう……。
珊瑚礁で、何の補給ができるんだよ。

綾織　ああ、なるほど。そうですね。

栗林忠道　ええ。終わりだよ。終わりになるから、見てたらいいよ。習近平氏が
その愚に気がつかなければね。
彼らの拡大戦略は、日本軍よりもさらに後れているから、壊滅的な被害を経て、
いずれ、国の崩壊になるかもしれないね。内部の経済格差がすごく開いているし、
内紛の要素はそうとうあるのに、軍事的に拡大して大国に見せて、国民を黙らせ
ているところがあるので。

昭和不況の根本原因であるアメリカは反省をすべき

栗林忠道　先の日本にも、戦争の前には昭和不況があったけど、でも、それはアメリカが悪いんだよ、もとはね。

アメリカのウォール・ストリートの大不況。あの大不況が日本に移ってきたんであってね（笑）、原因は向こうにあるんだよ、もとはね。あちらの大不況があって、「昭和五年不況」があって、それで、（日本は）大陸進出になったんで。もとはアメリカさんが悪いんだから、「日本の不況を助けろ」って言わなきゃいけないな。

（アメリカは日本を）助けるべきなんだよ。助けてりゃあ、日本だって、おとなしくしたんだけど、この不況から脱出するために大陸を目指して……。

●**昭和不況**　1929年（昭和4年）、ニューヨークのウォール街に始まった恐慌が日本にも波及。昭和5年から6年にかけて深刻な不況に陥り、約250万人の失業者が出た。

綾織　アメリカやイギリスのブロック経済に対して日本は……。

栗林忠道　そうそう。あちら（アジア大陸）に活路を開こうとしたんであって、もともとの原因はアメリカにあるんだからさ。これに関しては、アメリカも、いずれ反省しなきゃいけないようになると思う。

まあ、その中国も、今、日本のまねをして、日本の大東亜共栄圏をさらに広げた世界帝国をつくろうと思ってるけど、これは必ず敗れる。

綾織　ああ、なるほど。

栗林忠道　必ず敗れると思うな。

中国や韓国に対して「日本が打つべき手」とは

綾織　これに対して、日本は、どのような手を打てばよいのでしょうか。

栗林忠道　ああ、それはもう、今、政府が進んでいる方向も一つだけども、政府だけではなくて、東南アジア、ASEANの国々が日本に期待しているもののあたりが結びついてきて、アメリカと一体になってきたときに、それは成就することになるだろうね。

綾織　なるほど。

栗林忠道　だから、今の安倍氏は、何か「亡霊」に取り憑かれとるのかもしらんけれども、「正しい亡霊」に取り憑かれておるわな（注。首相公邸には、大東亜戦争に関係している東條英機、近衛文麿、廣田弘毅の、三人の元首相の霊が〝幽霊〟として出てきて、安倍総理の〝家庭教師役〟をしていることが、過去のリーディングで判明している。『「首相公邸の幽霊」の正体』〔幸福の科学出版刊〕参照）。

綾織　はい。

栗林忠道　「正しい軍人亡霊」に取り憑かれておると思われるな。だから、今は、やらなきゃいけないことをやってる。

「日本が軍事を強化すれば、次には中国や韓国が非難してきて、日本は孤立する」っていうのが、左翼陣営の意見だろうと思うけど、実際は逆で、日本が国防を強化して、彼ら（中国や韓国）をものともしないような防衛力を持つと、彼らは恐ろしいので、日本に対して言わなくなる。そういうところなんだよ。

綾織　はい。

栗林忠道　喧嘩しても勝てない相手だと思ったら、言わなくなる。勝てると思ったら徹底的にいじめる。これが、中国や韓国の性質だな。

だから、日本が、「十分な国防力があって、彼らの攻撃を簡単に防げる」という状態になったら、むしろゼントル（温和）になってきて、日本の話を対等に聞いてくれるようになる。

今は、日本の過去を一生懸命に責めているだろ？

綾織　はい。

栗林忠道　「過去に悪いことをした」と。今については何も言わない。「過去に悪いことをした。その反省が足りてない」ということを言うわけだろう。

だから、明治維新の……、何だ？　なんか、明治維新のいろんなやつが世界遺産として認定されるような流れが出てきたら、（中国や韓国は）「いや、その明治維新から戦争までつながっていて、日本は悪いことをしたんだから、それは駄目だ」というようなことをいろいろ言ったりして、邪魔ばっかりしてるんだろ？

（注。ユネスコの諮問機関が、「明治日本の産業革命遺産」を世界文化遺産に登録するよう勧告したことについて、中国と韓国は登録反対の意見を表明している）

これは、「中韓が孤立するか、日米が孤立するか」っていう情報戦をやってるんだろうけど、日米を孤立させるのは無理だよ。世界の支持から見て、結果的には、それは無理だと思うので、中韓のほうが孤立するね。

綾織　はい。

「核兵器の戦い」も「通常兵器の戦い」も勝ち目のない中国

加藤　しかし、中国に関しましては、通常兵器に加えまして、核兵器の脅威もかなりありますが……。

栗林忠道　核兵器で、習近平が急げば急ぐほど、アメリカとの戦争が早まりますから。早まって勝てる可能性は、まずないので。（中国が）全面戦争で勝つには、まだ準備に何十年か、かかると思われる。

通常兵器の戦いだったら、中国より、日本の自衛隊のほうが強いです。はっきり言って。

最先端装備と錬度の高さを持つ日本の自衛隊

火力・機動力・防護力を高めた陸上自衛隊の最新の主力戦車「10式戦車」。2012年配備。

2015年3月に就役したヘリコプター搭載護衛艦「いずも」。海上自衛隊では最大の艦艇となる。

高度なステルス性能を持つF35。航空自衛隊の次期主力戦闘機に選定されている。2017年配備予定。

島嶼侵攻等の武力攻撃に対処する能力向上を目指し、2014年11月に行われた日米共同統合演習（Keen Sword 15）。

加藤　現在、安倍政権が、集団的自衛権の行使のための法整備をはじめ、また、防衛費も、遅々たるものではありますが、増額しています。

栗林忠道　そうそう。

加藤　これは、時間の流れのなかで……。

栗林忠道　日本の自衛隊の通常兵器は、数量が少ないように見えるかもしれないけど、性能が全然違うので。

中国軍が、核兵器を使わないで日本と戦うなら、たぶん、日本の自衛隊に敗れます。三カ月以内で敗れると思います。全然話にならないぐらい、日本のほうが強いです。
それに、集団的自衛権で、「アメリカと共同行動を取る」ということになったら、日本が負ける可能性は、まず、ないですね。

綾織　はい。

栗林忠道　これ（負ける可能性）がなくなったから、安倍氏の今回の戦果は、まあ、野党だの、あるいは沖縄だの、いろんなところからの批判はいっぱいあるんだろうけど、かなり大きな戦果があると思います。

「中国の最高指導部は日中の文明の違いを知ったほうがいい」

綾織　その意味では、「河野談話」「村山談話」をバシッと切れるかどうかというところが、安倍さんにとってはいちばん弱いところになりますか。

栗林忠道　いやあ、安倍氏は、本当は「談話」なんか何とも思ってないんじゃないかな。

綾織　はあ。

栗林忠道　それは、単なる交渉道具の一つで、そんな言葉だけで戦えるものじゃないんでね。そんな「談話」のことを、ああでもない、こうでもないと言って、文言をいじっているうちに、着々と防衛力のほうを高めてるんでしょう。

日本自身の防衛力も高めているけど、アメリカとの連携のほうも、集団的自衛権で含まれているし、あと、ＡＳＥＡＮとの外交も……。今、中国と「外交合戦」をしているのでね。日本の首相としては、珍しくすごいところまでやっているとは思うな。

まあ、今は、経済的立て直しが成功することを願いたいとは思うけどね。だけど、中国人の群れが、秋葉原や銀座へ来て、炊飯器を持って歩いてるのを見れば、本当は、まだ戦うような相手ではないんじゃないかね。

私らのようにアメリカを知ってる人間が、「日本の軍がアメリカと戦う」と聞いたら、「やめたほうがいいですよ」と言う。自分で乗用車を運転していた向こうの様子から見て、日本人なんか、そんな車は持っていやしないし、持っていても一部の大富豪ぐらいだった。アメリカは、一般の人からお手伝いさんまで

秋葉原で炊飯器等の電化製品を
大量購入する中国人観光客。

車を運転している国ですからね。こんな国と戦って、勝てるわけがないですから。

「これは、とてもじゃないけど工業力が違い(ちが)すぎる」ということが、私には分かったけど、今、炊飯器を日本に買いに来ている中国庶民(しょみん)の動きを見たら、同じようなものだ。中国の最高指導部は、この文明の違いを知ったほうがいい。

中国の高速鉄道なんかを外国に売り込(こ)もうとしてるけど、そんなものに乗ったら、みんな落ちて死ぬのは分かってるから、「そんなものは通用しやしない」っていう

高速鉄道の導入を検討しているタイのプラユット首相は、2014年に中国の京津(けいしん)都市間鉄道を見学。2015年には来日時に安倍首相と会談し、新幹線を試乗。乗り心地のよさを実体験し、日本との契約に向けて話が進んでいる。

ことは、いずれ分かるようになる。
だから、日米関係を強化しておいて、少なくとも二〇五〇年までに、中国の侵略体制を破壊して、自由民主主義体制のほうに移行させることに成功すれば、戦争で日本が敗れるようなことは、たぶんない。

綾織　幸福実現党としても宗教としても、それを目指して行動していきたいと思います。

栗林忠道　そう。政党は必要だよ。

綾織　はい。

8　栗林中将の「霊的真相」に迫る

〝玉砕戦〟で日本の国体を護り続けている幸福実現党

栗林忠道　まあ、君らの政党は負け続けているように思うかもしらんけど、それは、ペリリュー島の玉砕みたいなのをずっと続けているわけよ。ペリリュー島や硫黄島、沖縄戦の玉砕を。

（加藤に）ねえ？　〝玉砕戦〟をずっと続けてるんだ。なかなか偉いよ。なあ？　〝国体〟を護ってるんだ。玉砕しながらね。

加藤　それだけではなく、次回は必ず議席も取ります。

栗林忠道　ええ。ちょっと時間はかかるかもしらんけどね。今の状態から見ると、ほとんど補給がついてないからね。補給があんまりついてないので、一緒だね。日本軍と一緒で補給がついてない。

宗教全体の資源を政党に投入すれば、ある程度は勝てる可能性があるけど、宗教は宗教で忙しいからね。ここもね、いろんなことをしてるから。だから、「映画をつくる金があったら、政党によこせ」とかね、そういうことをすれば、〝ぶんどり合戦〟が起きるんだけど。「陸軍 対 海軍」みたいなので、なかなか言うことをきいてくれんからね。

綾織　そこは、相乗効果で、連携してやっていきたいと思います（苦笑）。

栗林忠道　まあ、できればいいね。だけど、セクショナリズムには気をつけたほうがいいね。

加藤　ぜひ、今地上に生まれていらっしゃる方（栗林忠道の生まれ変わり）も、近い将来、幸福実現党で一緒に活動させていただくときが来るのを、本当に期待しております。

栗林忠道　だから、全員ねえ、政党で〝討ち死に〟するように任命したらいいのよ。順番に、「次は、あなたがたが出陣。次は、『ザ・リバティ』出陣。次は、伝道局出陣。次は、指導研修局出陣……」みたいに、こう決めといたら無視できない。「ああ、ああ、自分らが次は来るのかな」と思ったら、応援し始めるからさ。「順番に出てもらいますよ」とやっとればね。「〝硫黄島〟に全員送られる」ということであれば、〝穴掘り〟も手伝ってくれる人もいるわな。

綾織　その覚悟で頑張ってまいります。

幸福実現党党首・釈量子には親近感を持っている

綾織　先ほど、「高天原に還られた」というお話もありましたけれども、一方で、極めて日本人っぽくないお話をされていて。

栗林忠道　ああ、そういうところもあるかな。うーん。

綾織　はい。過去の転生のご経験では、日本以外でそうとう活躍されていたのではないでしょうか。もちろん、日本でも活躍されたと思うのですけれども。

栗林忠道　うーん。うーん……。

綾織　先ほどの〝機密事項〟は、今世の時点のものだったのですが、機密事項ではないものを教えていただければ、ありがたいと思います。

栗林忠道　いやあ、「日本精神」を鼓舞しなきゃいかんから、外国人は、やっぱりまずいんじゃないかな。

綾織　ああ、そうですか。

栗林忠道　うん、うん。やっぱり、日本史に限定しなければ。

綾織　はい。では、日本人の過去世では、どなたがいらっしゃいますか。

栗林忠道　まあ、日本人としては、武士の時代にいたのは間違いないな。当然、そういうことにはなるわな。

綾織　はい。戦国時代の武将になりますか。

栗林忠道　さあ、どうしようかなあ。（幸福の科学では）そういうことをよく訊かれているらしいけどな。

まあ……、栗林は栗林でいいかな。

綾織　ああ、そうですか。

栗林忠道　あんまり過去の話を出しても……。戦いとしては（アメリカに）負けたからね。そういうことになってるから。勝てば、まだあれだけど（笑）。

アメリカの艦船（かんせん）の数から見りゃあ、勝ち目がないけど、救いに来る人も、もういなかったからね。味方もいなかったから、勝ち目がなかったけどね。

ただ、気持ち的に見れば、「●楠木正成（くすのきまさしげ）精神」なんかに連（つら）なるような、似たような思考を持っている流れのなかにあるかもしれないね。そういう思考だね。

「武士の時代を切り開いた」という意味では、そういうところはあるかもしれない。「武士の時代を開いた」ということだな。

●楠木正成（1294頃～1336）　南北朝時代の武将。後醍醐天皇の鎌倉幕府討伐に参加し、建武新政樹立に貢献。明治期には「忠臣の鑑」と讃えられた。

加藤　武士の時代を切り開いたころですか。

栗林忠道　ああ、「切り開いた」ということだね。だから、おたくの党首（釈量子）なんかは、何かずいぶん親しい感じがするよ。

綾織　あっ、そうですか。

栗林忠道　うーん、うーん……。

綾織　近いところにいらっしゃった？

栗林忠道　近い。なんかね、〝かわいい〟ねえ。なんか、かわいい、かわいい感じがする。

綾織　かわいい？

栗林忠道　実にかわいい感じがするね。

綾織　身内のなかで……、源氏の一人？（注。幸福実現党党首・釈量子の過去世は、「源頼朝」であると霊査されている。『釈量子の守護霊霊言』〔幸福実現党刊〕参照）

栗林忠道　まあ、「実にかわいい」という感じを受ける。

源頼朝（1147 ～ 1199）
源平の戦いを制し、初の武士政権である鎌倉幕府を開いた初代征夷大将軍。御家人制度により、全国の武士を掌握。組織づくりの天才とも称される。

質問者を「かわいい」と感じる立場とは

栗林忠道　（立木を指して）だから、君も実にかわいいよ。実にかわいい感じがする。印象的には、そんな感じがするな。私は、（立木を）「かわいい」と感じる立場にいるということだな（注。立木の過去世は、「源義経」であると霊査されている。『公開霊言　天才軍略家・源義経なら現代日本の政治をどう見るか』〔幸福実現党刊〕参照）。

綾織　ああ、なるほど。分かりました。では、

源義経（1159～1189）
平安後期から鎌倉時代の武将。源義朝の末子で頼朝の異母兄弟。頼朝の挙兵に応じ、数々の奇略で平家追討に活躍した。

少し〝機密〟が明らかになったというふうに理解いたします。

栗林忠道　フッハッハッハッハハハハ……（笑）。まあ、未来があるもんでね。あんまり、明らかにするわけにはいかんでしょう。ねえ？　未来があるからね。未来ある者はね。〝特定秘密〟だから、今は明らかにしないことになっとるんだよ。日本はね、〝軍事機密〟はね。

綾織　そうですね。では、「機密」ということで……。

栗林忠道　世間（せけん）には通じないようなことを言わないことが大事であるから。ただ、君らの骨は拾ってやるよ、うん。

立木　ありがとうございます。

9　栗林中将から「日本人への伝言」

「従軍慰安婦も、南京大虐殺も、なかった」

立木　最後になるのですけれども、本日は「日本人への伝言」というテーマで霊言を賜っておりますので、今の日本人たち、あるいは、未来の世代に対する伝言を頂ければと思います。

また、栗林中将はアメリカでも非常に尊敬されていらっしゃるので、今後の「日米同盟強化」という視点も踏まえて、ぜひ、アメリカの人たちに対するメッセージも併せて、お願いできればありがたいと思います。

栗林忠道　中国が覇権を強めてきつつあるので、アメリカは日本との結びつきが強くなるであろうから、そのへんは、そう大きな心配はしておらん。

まあ、アメリカ自体はね、内部はわりあい好況になりつつあるので、その意味では、今まで中国を儲けさせていた力が、今退いていきつつあって、「日本をもう一回盛り上げよう」という力が動いてくるから、先はまだ明るいと思っていいだろう。

それと、今は、「（政府が）〝戦争法案〟を通す」とか言って、左翼がずいぶん反対しているけどもね。「防衛力が増強したら、日本が孤立する」とか、「また過去の悪事を繰り返す」とか、「過去の犬死にみたいなのを繰り返す」とかいうことを、キャンペーンされると思うけども、（日本の）防衛力が増せば、そういう近隣は不平不満を、実は言わなくなってくるということだね。

だから、従軍慰安婦云々とか、「七十年以上昔に、日本の軍人が慰安婦を強制的に連れて行って、慰安所をつくった」とかいうようなことは、事実としてはないからね。

硫黄島だって、慰安所なんかは一カ所もありません。われわれは、こんな女性なんか、まったくいないところで戦っとって、穴掘りして、ほぼ全員戦死してるわけですから。そういう軍隊ですので。

だから、「虚偽を膨らまして、日本そのものを貶めるっていうようなことは、国際正義に反することだ」と言っておきたい。

それに、南京大虐殺だってありませんよ、これは。南京の前の上海での戦いで、双方、かなりの人命が失われて、万の単位で死んでるからね。(中国は)ああいう国なので、情報なんて、まったく、あってなきがごとしだから、何でも言うだろうとは思うけども。

日本はアメリカに「負けて、勝った」

栗林忠道　そういうことで、もう七十年、八十年後の日本が、(中国などから)こう言われ続けているのは、「日本人自身が軍人や軍事を非常に卑下して、なめている証拠」だと思うよ。

軍人っていうのは、国を護るための立派な職業なんであって、人殺しのマフィアや暴力団とは違うんだっていうことは言いたい。「暴力団」と「警察」が一緒に見えるんだったら、それは精神性のところを無視しているからでしょう。「警察」だって拳銃を撃つ。「暴力団」だって拳銃を撃つ。だけど、拳銃を撃つのは一緒でも、目的と使命が全然違うでしょう?

もし、「暴力団」と「警察」の区別がつかなくて、「暴力団がいけないなら、警察もいけない」みたいな言い方をするんだったら、これは、現代の法治国家に生きる人間としての資格がないんじゃないかな。そう思うな。

やっぱり、アメリカ人は、アメリカ人をたくさん殺した日本の軍人でも、英雄としてちゃんと祀る。両方をフェアに見る目を持っているんだから、（日本人は）そういう国際ルールをちゃんと知っておいたほうがいいんじゃないかな。

まあ、私なんかが誇るべき軍人かどうかは知らないけれども、「日本でも一部、頑張った人たちがいて、アメリカ人にも尊敬されている」っていうことを知ること自体が、日本の戦後の歴史を変えることになると思う。

やっぱり、一億二千万、三千万の国民がいて、世界最高級の繁栄を誇ってるわけで、これは十分に護るに値する国ですから。その国を護るっていうことを悪いことのように……。要するに、〝暴力団〟で（日本を）護ってるような言い方をするのは、国民としては「恥」だね。私はそう思うね。

それから、日本の歴史もきっちりと教えなければいけないと思う。一度、（戦争でアメリカに）負けたからといって、すべてを失ったわけじゃなくて、日本は負けて、勝った……んだよ。

だから、柔道と一緒なんだよ。向こうに技をかけられたけれども、実は、引っ繰り返ったのはアメリカのほうだ。「日本に勝ったがゆえに、日本を護らなきゃいけなくなった」という逆説で、日本は〝返し技〟でアメリカに日本を護らせて、戦後の発展をつくり上げたんだから。そこには一つの智慧があったと思う。

「君たち、もっと勇気と自信を持ちたまえ」

栗林忠道　だけど、やっぱり今後は、「日本人としての誇り」を取り戻すべきだね。それが、「国際人としての誇り」につながる。

（綾織を指して）だから、君なんかの使命は、ジャーナリスティックに日本や世界の変化を見つめて、正しい情報発信をすることだ。今、日本のジャーナリズムが後れていて、とても古い考え方で、戦後に習ったような考えをずっと持っているから、それと言論戦で戦っていかねばならないと思うよ。そうしないと国を誤らせることになると思う。

世界を見てみれば、戦争に負けたことのない国なんか、ありゃしないんだよ。勝ったり負けたりして、歴史はできてきて、その戦争によって「新しい文明」はできてくる。負けたところは去っていき、「新しい文明」ができる。これも神々の大きなイノベーションであるので、国が滅びたときは神々も滅び、新しい国に移動する。

まあ、そういうふうになっているので、ここをまったく無視したら、次の時代に生き延びることはできないと、私は思うけどね。

綾織　ありがとうございます。「日本のイノベーション」ということで、さまざまな観点からお話を伺(うかが)いできました。

栗林忠道　君たち、もっと「勇気」を持ちたまえ。それと、「自信」を持ちたまえ。

だからね、中国が「世界一の大国だ」と言ってるのは結構だけど、「日本で炊飯器(すいはんき)を買って歩いてる」っていうことを忘れないようにしたほうがいいよ。そういう国は、大きなことは起こさないほうがいいと思う。内部問題をもうちょっと処理しないと、大変なことになると思うね。方向を改めれば別だけれども、今のままで行けば、中国っていう国は瓦解(がかい)すると、私は見ています。

日本と世界に平和な未来をつくるために

『真の平和に向けて』『天使は見捨てない』『国際政治を見る眼』（いずれも幸福の科学出版）

むしろ、幸福の科学は、その教えを中国に広げていくための準備をしておいたほうがいい。彼らを救う精神的なものが必要だと思う。「孔子の教え」を広げても、孔子は経済的繁栄について何も教えてくれていないので、残念ながら国が富むことはない。

やっぱり、そのへんをちゃんと教えなきゃいけないね。

綾織　ありがとうございます。今後、そうしたビジョンを実現できるように、精進してまいります。

「日本の未来は、まだまだ明るい」

栗林忠道　何か、もうちょっと〝血を流す話〟をしたほうがよかったのかもしらんけど、まあ、機嫌よくやっとるもんだから、そうあんまり言えないで申し訳ないな。

綾織　いえ、いえ（笑）。非常に「未来志向」のお話でしたので、たいへん、ありがたく思います。

栗林忠道　私も日本を救う使命を持って、今頑張っておるので、負けないよ。あと、自衛隊をなめちゃいけないよ。通常戦争をやったら中国に負けないよ。日本の自衛隊は強いよ。十分強い。だから、負けないよ。

ただ、核兵器のところだけは、絶対にアメリカと組んでいなきゃいけない。独自に持っていない以上はね。

だから、今は（アメリカと）組んでいなきゃいけないんだということを知っとれば、（日本は）負けることはないし、「経済的繁栄」もまだ続く。

だから、日本の未来は、まだまだ明るい。幸福の科学の基本教義は、変える必要はない。そう思っている。

綾織　はい。本日は、本当に未来が明るくなるお話を頂き、ありがとうございました。

加藤・立木　ありがとうございました。

栗林忠道　まあ、泣けなかったのが残念である。

綾織　いえ、とんでもないです。ありがとうございます。

10 栗林中将の霊言を終えて

大川隆法　（手を一回叩く）ということで、極めて現代的思考を持っている方でした。何か（生まれ変わりが）特定されてきたようではありますが、世間では分からないはずですので、いまひとつ秘密にしておきましょう。

綾織　はい。

大川隆法　まあ、よかったですね。これだけやっても、天国に還れるということでしょう。やはり、軍事には、もう一つ別の原理が働いていると思わざるをえません。

「人を殺すなかれ」ということは、個人個人の間においては当然のことではあるのですが、もう少し大きな、文明の興亡を賭けた戦いになってきた場合には、神々の力比べのようなものがあるわけです。そうした大義のなかでの役割ということになれば、意味が違うのでしょう。

例えば、アレクサンダーにしても、ナポレオンにしても、みな地獄で苦しんでいなくてはいけないかというと、そうではありません。やはり、「文明をつくる」という意味では違う面はあったのだと思います。

そういう意味では、イスラム教にも同じような面はあるのかもしれません。ともかく、「新しい日本文明」をつくらなくてはいけないということです。

綾織　はい。ありがとうございました。

あとがき

『パラオ諸島ペリリュー島守備隊長 中川州男大佐の霊言』『沖縄戦の司令官・牛島満中将の霊言』に続いて、『硫黄島 栗林忠道中将の霊言 日本人への伝言』を世に送ることによって、戦後七十年のケジメがようやくついてきたように思う。

日本という産みの母は、大変な苦しみを味わったが、戦後、アジア、アフリカ諸国を欧米の植民地から解放した功績は、世界文明史的に見てとてつもなく大きい。戦後、戦勝国の雄であるアメリカ合衆国が、旧ソ連、中華人民共和国を仮想敵国と考えなくてはならなくなったのを見るにつけても、日米は敵国同士ではなく、友人になるべきであったと思う。この点、アメリカの有色人種差別の歴史は、厳しく反省されるべきだろう。

本書では、遅れて来た独裁者、習近平(しゅうきんぺい)の未来も透視(とうし)されている。七十年後の日本人への伝言が、栗林中将から送られてきたと信じて頂きたい。

二〇一五年　五月二十七日

幸福(こうふく)の科学(かがく)グループ創始者兼総裁(そうししゃけんそうさい)　大川隆法(おおかわりゅうほう)

大川隆法著作関連書籍

『硫黄島 栗林忠道中将の霊言 日本人への伝言』

『パラオ諸島ペリリュー島守備隊長 中川州男大佐の霊言』（幸福の科学出版刊）

『沖縄戦の司令官・牛島満中将の霊言』（同右）

『南京大虐殺と従軍慰安婦は本当か
——南京攻略の司令官・松井石根大将の霊言——』（同右）

『「首相公邸の幽霊」の正体
——東條英機・近衛文麿・廣田弘毅、日本を叱る！——』（同右）

『釈量子の守護霊霊言』（幸福実現党刊）

『公開霊言 天才軍略家・源義経なら現代日本の政治をどう見るか』（同右）

『原爆投下は人類への罪か？
——公開霊言 トルーマン＆F・ルーズベルトの新証言——』（同右）

硫黄島 栗林忠道中将の霊言　日本人への伝言

2015年5月29日　初版第1刷

著者　大川隆法

発行所　幸福の科学出版株式会社

〒107-0052 東京都港区赤坂2丁目10番14号
TEL(03)5573-7700
http://www.irhpress.co.jp/

印刷・製本　株式会社 東京研文社

落丁・乱丁本はおとりかえいたします

©Ryuho Okawa 2015. Printed in Japan. 検印省略

ISBN978-4-86395-679-7 C0030

写真：近現代PL/アフロ／W. Eugene Smith／Keystone/gettyimages
The Art Archive/時事通信フォト／Catie Drew／Rsa／Guntai Channel
内閣府大臣官房政府広報室／新藤義孝公式ウェブサイト／Los688
US Air Force/Ministerie van Defensie／US.NAVY／Paranda
U.S.AIR FORCE／時事通信フォト

大川隆法霊言シリーズ・先の大戦の意義を明かす

沖縄戦の司令官・牛島満中将の霊言
戦後七十年 壮絶なる戦いの真実

沖縄は決して見捨てられたのではない。沖縄防衛に命を捧げた牛島中将の「無念」と「信念」のメッセージ。沖縄戦の意義が明かされた歴史的一書。

1,400円

パラオ諸島ペリリュー島守備隊長 中川州男（くにお）大佐の霊言
隠された〝日米最強決戦〟の真実

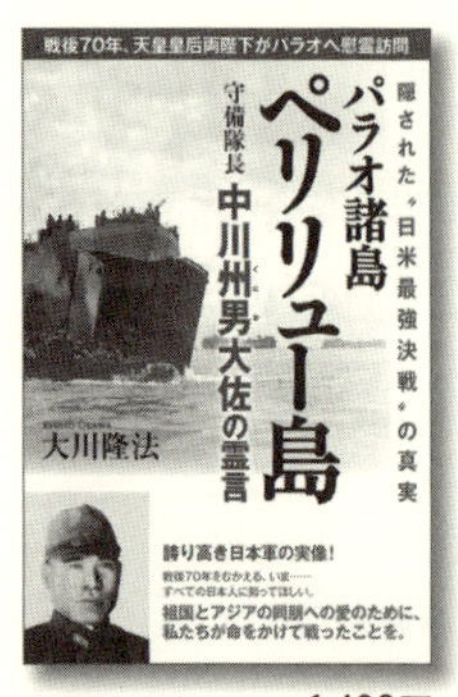

アメリカは、なぜ「本土決戦」を思い留まったのか。戦後70年の今、祖国とアジアの防衛に命をかけた誇り高き日本軍の実像が明かされる。

1,400円

公開霊言 東條英機、「大東亜戦争の真実」を語る

戦争責任、靖国参拝、憲法改正……。他国からの不当な内政干渉にモノ言えぬ日本。正しい歴史認識を求めて、東條英機が先の大戦の真相を語る。

【幸福実現党刊】

1,400円

※表示価格は本体価格（税別）です。

大川隆法霊言シリーズ・日米の戦後と未来を考える

小室直樹の大予言

2015年 中華帝国の崩壊

世界征服か？ 内部崩壊か？ 孤高の国際政治学者・小室直樹が、習近平氏の国家戦略と中国の矛盾を分析。日本に国防の秘策を授ける。

1,400円

マッカーサー 戦後65年目の証言

マッカーサー・吉田茂・山本五十六・鳩山一郎の霊言

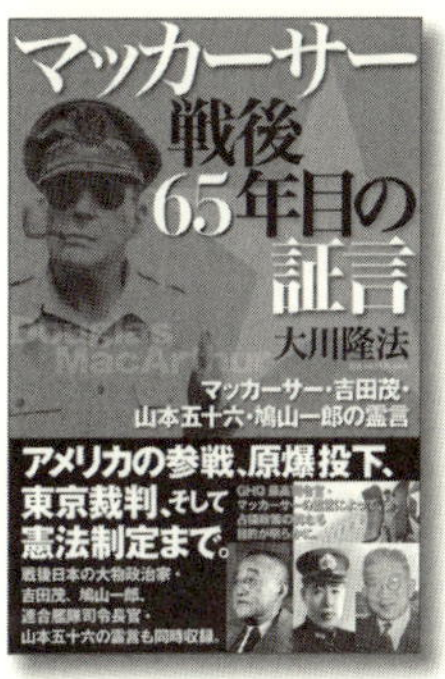

GHQ最高司令官・マッカーサーの霊によって、占領政策の真なる目的が明かされる。日本の大物政治家、連合艦隊司令長官の霊言も収録。

1,200円

原爆投下は人類への罪か？

公開霊言 トルーマン ＆Ｆ・ルーズベルトの新証言

なぜ、終戦間際に、アメリカは日本に２度も原爆を落としたのか？「憲法改正」を語る上で避けては通れない難題に「公開霊言」が挑む。【幸福実現党刊】

1,400円

幸福の科学出版

青春への扉を開けよ
三木孝浩監督の青春魔術に迫る

映画「くちびるに歌を」「僕等がいた」など、三木監督が青春映画で描く「永遠なるものの影」とは何か。世代を超えた感動の秘密が明らかに。

1,400円

天使は見捨てない
福島の震災復興と日本の未来

大震災から4年──。被災された人々の心を救い、復興からの発展をめざすために、福島で語られた「天使たちの活躍」と「未来への提言」。

1,500円

人生の迷いに対処する法
幸福を選択する4つのヒント

「結婚」「職場の人間関係」「身体的コンプレックス」「親子の葛藤」など、人生の悩みを解決して、自分も成長していくための4つのヒント。

1,500円

※表示価格は本体価格(税別)です。

この地球(ほし)は、宇宙に必要か？

大川隆法 製作総指揮
長編アニメーション映画

UFO学園の秘密

The Laws of The Universe Part 0

製作総指揮・原案／大川隆法
監督／今掛勇 脚本／「UFO 学園の秘密」
シナリオプロジェクト 音楽／水澤有一
総合プロデューサー／本地川瑞祥 松本弘司
美術監督／渋谷幸弘
VFX クリエイティブディレクター／粟屋友美子
キャスト／逢坂良太 瀬戸麻沙美 柿原徹也
金元寿子 羽多野渉 浪川大輔
アニメーション制作／ HS PICTURES STUDIO
幸福の科学出版作品 配給／日活
©2015 IRH Press

UFO学園 検索！

©2015 IRH Press 配給/日活 配給協力/東京テアトル NIKKATSU

10月10日、全国一斉ロードショー！

幸福の科学グループのご案内

宗教、教育、政治、出版などの活動を通じて、地球的ユートピアの実現を目指しています。

宗教法人　幸福の科学

一九八六年に立宗。一九九一年に宗教法人格を取得。信仰の対象は、地球系霊団の最高大霊、主エル・カンターレ。世界百カ国以上の国々に信者を持ち、全人類救済という尊い使命のもと、信者は、「愛」と「悟り」と「ユートピア建設」の教えの実践、伝道に励んでいます。

（二〇一五年六月現在）

愛

幸福の科学の「愛」とは、与える愛です。これは、仏教の慈悲や布施の精神と同じことです。信者は、仏法真理をお伝えすることを通して、多くの方に幸福な人生を送っていただくための活動に励んでいます。

悟り

「悟り」とは、自らが仏の子であることを知るということです。教学や精神統一によって心を磨き、智慧を得て悩みを解決すると共に、天使・菩薩の境地を目指し、より多くの人を救える力を身につけていきます。

ユートピア建設

私たち人間は、地上に理想世界を建設するという尊い使命を持って生まれてきています。社会の悪を押しとどめ、善を推し進めるために、信者はさまざまな活動に積極的に参加しています。

国内外の世界で貧困や災害、心の病で苦しんでいる人々に対しては、現地メンバーや支援団体と連携して、物心両面にわたり、あらゆる手段で手を差し伸べています。

年間約３万人の自殺者を減らすため、全国各地で街頭キャンペーンを展開しています。

公式サイト **www.withyou-hs.net**

ヘレン・ケラーを理想として活動する、ハンディキャップを持つ方とボランティアの会です。視聴覚障害者、肢体不自由な方々に仏法真理を学んでいただくための、さまざまなサポートをしています。

公式サイト **www.helen-hs.net**

INFORMATION

お近くの精舎・支部・拠点など、お問い合わせは、こちらまで！

幸福の科学サービスセンター

TEL. **03-5793-1727**（受付時間 火～金：10～20時／土・日・祝日：10～18時）

宗教法人 幸福の科学 公式サイト **happy-science.jp**

幸福の科学グループの教育事業

2015年4月 開学

HSU

ハッピー・サイエンス・ユニバーシティ

Happy Science University

**私たちは、理想的な教育を試みることによって、
本当に、「この国の未来を背負って立つ人材」を
送り出したいのです。**

（大川隆法著『教育の使命』より）

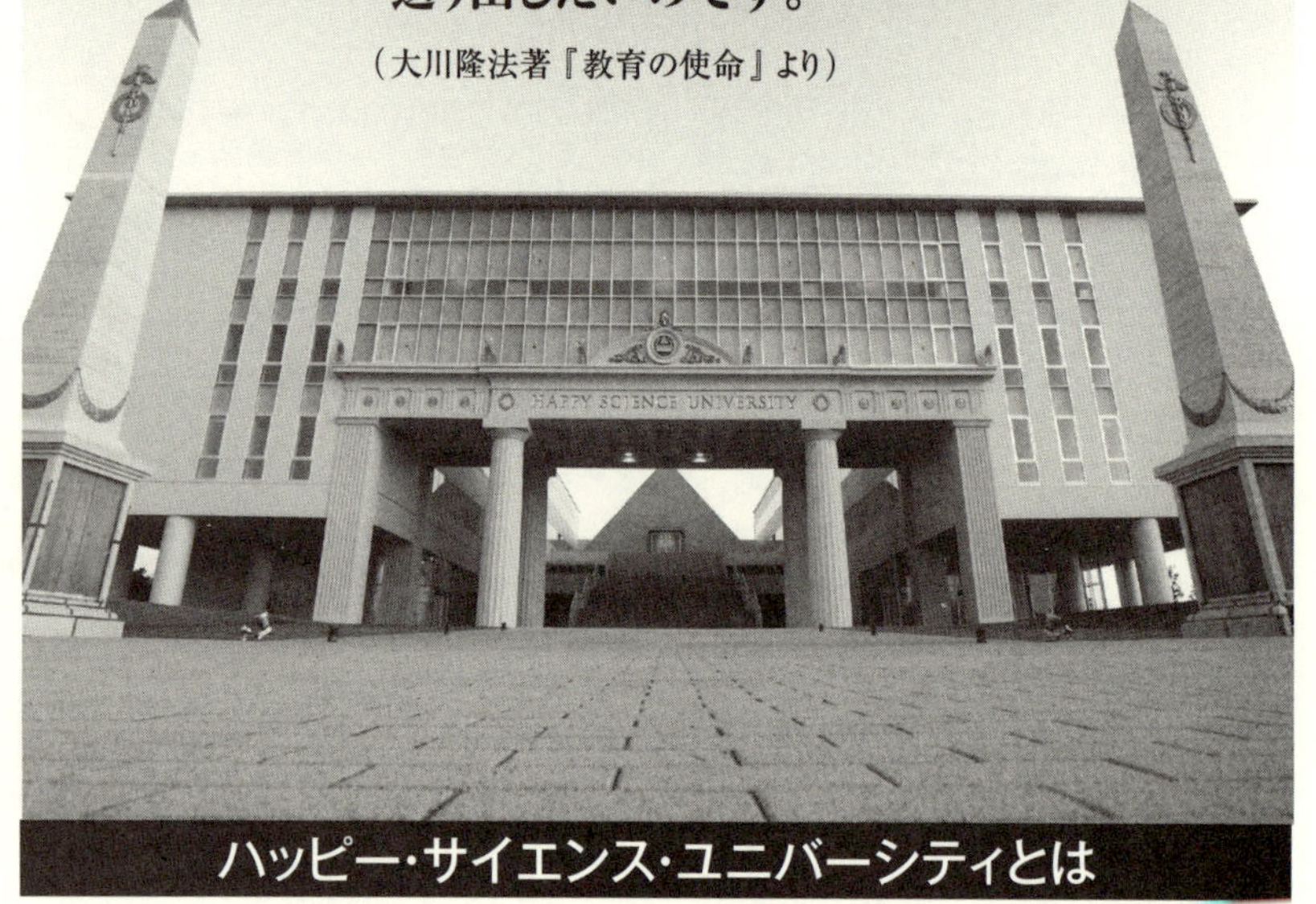

ハッピー・サイエンス・ユニバーシティとは

ハッピー・サイエンス・ユニバーシティ（HSU）は、大川隆法総裁が設立された
「現代の松下村塾」です。「日本発の本格私学」の開学となります。
建学の精神として「幸福の探究と新文明の創造」を掲げ、
チャレンジ精神にあふれ、新時代を切り拓く人材の輩出を目指します。

学部のご案内

人間幸福学部

人間学を学び、新時代を切り拓くリーダーとなる

人間の本質と真実の幸福について深く探究し、
高い語学力や国際教養を身につけ、人類の幸福に貢献する
新時代のリーダーを目指します。

経営成功学部

企業や国家の繁栄を実現し、未来を創造する人材となる

企業と社会を繁栄に導くビジネスリーダー・真理経営者や、
国家と世界の発展に貢献し
未来を創造する人材を輩出します。

未来産業学部

新文明の源流を創造するチャレンジャーとなる

未来産業の基礎となる理系科目を幅広く修得し、
新たな産業を起こす創造力と企業家精神を磨き、
未来文明の源流を開拓します。

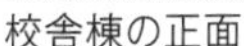
校舎棟の正面

学生寮

体育館

住所 〒299-4325 千葉県長生郡長生村一松丙 4427-1
TEL.0475-32-7770

教育

学校法人 幸福の科学学園

学校法人 幸福の科学学園は、幸福の科学の教育理念のもとにつくられた教育機関です。人間にとって最も大切な宗教教育の導入を通じて精神性を高めながら、ユートピア建設に貢献する人材輩出を目指しています。

幸福の科学学園

中学校・高等学校(那須本校)
2010年4月開校・栃木県那須郡(男女共学・全寮制)
TEL **0287-75-7777**
公式サイト **happy-science.ac.jp**

関西中学校・高等学校(関西校)
2013年4月開校・滋賀県大津市(男女共学・寮及び通学)
TEL **077-573-7774**
公式サイト **kansai.happy-science.ac.jp**

ハッピー・サイエンス・ユニバーシティ(HSU)
TEL **0475-32-7770**

仏法真理塾「サクセスNo.1」 TEL **03-5750-0747**(東京本校)
小・中・高校生が、信仰教育を基礎にしながら、「勉強も『心の修行』」と考えて学んでいます。

不登校児支援スクール「ネバー・マインド」 TEL **03-5750-1741**
心の面からのアプローチを重視して、不登校の子供たちを支援しています。
また、障害児支援の**「ユー・アー・エンゼル!」運動**も行っています。

エンゼルプランV TEL **03-5750-0757**
幼少時からの心の教育を大切にして、信仰をベースにした幼児教育を行っています。

シニア・プラン21 TEL **03-6384-0778**
希望に満ちた生涯現役人生のために、年齢を問わず、多くの方が学んでいます。

NPO 活動支援

学校からのいじめ追放を目指し、さまざまな社会提言をしています。また、各地でのシンポジウムや学校への啓発ポスター掲示等に取り組む一般財団法人「いじめから子供を守ろうネットワーク」を支援しています。

公式サイト **mamoro.org**
相談窓口 **TEL.03-5719-2170**
ブログ **blog.mamoro.org**

幸福実現党

内憂外患の国難に立ち向かうべく、二〇〇九年五月に幸福実現党を立党しました。創立者である大川隆法党総裁の精神的指導のもと、宗教だけでは解決できない問題に取り組み、幸福を具体化するための力になっています。

党員の機関紙
「幸福実現NEWS」

TEL 03-6441-0754
公式サイト hr-party.jp

出版
メディア
事業

幸福の科学出版

大川隆法総裁の仏法真理の書を中心に、ビジネス、自己啓発、小説など、さまざまなジャンルの書籍・雑誌を出版しています。他にも、映画事業、文学・学術発展のための振興事業、テレビ・ラジオ番組の提供など、幸福の科学文化を広げる事業を行っています。

アー・ユー・ハッピー？
are-you-happy.com

ザ・リバティ
the-liberty.com

幸福の科学出版
TEL 03-5573-7700
公式サイト irhpress.co.jp

ザ・ファクト
マスコミが報道しない
「事実」を世界に伝える
ネット・オピニオン番組

入会のご案内

あなたも、幸福の科学に集い、ほんとうの幸福を見つけてみませんか？

幸福の科学では、大川隆法総裁が説く仏法真理をもとに、「どうすれば幸福になれるのか、また、他の人を幸福にできるのか」を学び、実践しています。

大川隆法総裁の教えを信じ、学ぼうとする方なら、どなたでも入会できます。入会された方には、『入会版「正心法語」』が授与されます。（入会の奉納は1,000円目安です）

ネットでも**入会**できます。詳しくは、下記URLへ。
happy-science.jp/joinus

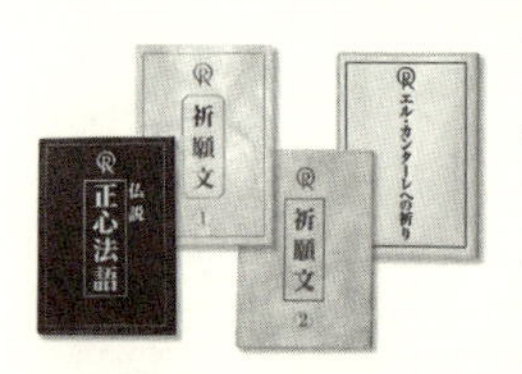

仏弟子としてさらに信仰を深めたい方は、仏・法・僧の三宝への帰依を誓う「三帰誓願式」を受けることができます。三帰誓願者には、『仏説・正心法語』『祈願文①』『祈願文②』『エル・カンターレへの祈り』が授与されます。

植福（しょくふく）の会

植福は、ユートピア建設のために、自分の富を差し出す尊い布施の行為です。布施の機会として、毎月1口1,000円からお申込みいただける、「植福の会」がございます。

「植福の会」に参加された方のうちご希望の方には、幸福の科学の小冊子（毎月1回）をお送りいたします。
詳しくは、下記の電話番号までお問い合わせください。

月刊「幸福の科学」

ザ・伝道

ヤング・ブッダ

ヘルメス・エンゼルズ

INFORMATION
幸福の科学サービスセンター
TEL. 03-5793-1727（受付時間 火～金：10～20時／土・日・祝日：10～18時）
宗教法人 幸福の科学 公式サイト **happy-science.jp**